今の幸せに満足できる たった1つの法則

植西 聰
Uenishi Akira

KKロングセラーズ

まえがき

今ほど、「足るを知る」という考え方が求められている時代はないと思います。

「足るを知る」とは、省略すると「知足《ちそく》」のことです。

これは、「今の生活や、自分自身の現状について、満足しながら生きている人は幸せである」という考え方です。

その逆に、この言葉には、「現状に満足することを知らずに生きている人は、どんなお金持ちだろうが、成功者だろうが、社会的に偉い人だろうが、幸せではない」という意味をも含んでいます。

一見、今の日本の社会は、豊かさ、便利さ、快適さに満ち溢れているようにも思われます。

確かに、経済や政治、また、日本を取り囲む国際状況などに様々な問題があることはわかります。しかしながら、他の貧しい国に比べれば、日本は豊かさの平均値をはるかに超えているのは事実であると思います。

とはいえ、今の日本人の多くが「幸福感」を実感できていないことも事実であると思います。

日本人の多くが、なにか「満ち足りない」感情を抱いているように思われます。

それはなぜでしょうか。その大きな原因の一つは、今の日本人は「足るを知る」ことを知らないでいるからだと思います。

最初に、「足るを知る」とはどのような考え方なのか、次の五つの項目を記しておきます。
＊幸せとは遠くにあるのではなく、じつは足元にあることに気づく。
＊「今のままでいい」と気づくのが、幸せを得るための出発点。
＊無理をしなくても、十分に幸せに生きていける。
＊お金がなくても、出世できなくても、幸せを得るのは可能。
＊欲を満たすことよりも、今の自分を大切にしていく。

この「足るを知る」という生き方、考え方は、けっして新しいものではありません。古くから、つい最近まで、日本人はふつうにこの「足るを知る」生き方、考え方をモットーにして日々の生活を営んできていたようにも思います。

ですから、ひと時代前の日本人は、現代人よりも物質的には貧しい生活をしていながら、精神的にはずっと満ち足りた、幸せな気持ちで暮らしてこられたのではないでしょうか。

私はもう一度、日本人に「足るを知る」ことの大切さ、すばらしさを思い出してほしいと思い、本書を書きました。

また、「足るを知る」は、ブッダ、老子《ろうし》、孔子《こうし》、貝原益軒《かいばらえきけん》などの東洋人から、ショーペンハウアーなどの西洋人に至るまで、多くの賢者たちが、その大切さを説いた生き方、考え方であることも書き添えておきます。

本書が読者の「幸せを求める」気持ちに応えられるものであると確信します。

植西　聰

目次

第2章　欲張り過ぎると、すべてを失う

第3章　目の前にある幸せを大切にする

第4章 人にやさしくすると救われる

第5章　求めすぎないから求められる

第6章　欲で人を見ると関係は生まれない

第7章 ものの価値より心の豊かさ

第8章　笑いで心も体も健康

第1章

ちょうどいいバランスで生きていく

恵まれているのに不幸せな人、恵まれていないのに幸せな人

古代中国の思想家である老子の言葉に、「足るを知る者は富めり」（老子第三三章）というものがあります。

「足るを知る」とは、「今の自分の生活、立場、収入、人間関係、家族などに、満足する」という意味です。

このような満足感を持って生きている人こそが、「精神的な意味で、富める人」と老子は述べているのです。

たとえば、月に一〇〇万円の収入がある人がいたとします。

しかしその人は、「たった一〇〇万円では、望み通りの生活はできない。もっと収入を得たい。こんな収入の少ない仕事はやってられない」と不満たらたらでした。

一方、他のある人は月の収入は三〇万円ほどですが、「この収入でも、家族と共に幸せに生きていける。他の自分の好きなこともたくさんできる。本当にありがたい」

と、満足感をもって暮らしています。

老子は、この「月収一〇〇万円の人」よりも「月収三〇万円の人」のほうが、「富める」と述べているのです。人生の「富」「幸福」「充実感」「満足感」といったものは、収入の金額で決まるのではないと述べています。

それは収入に対する、自分自身の考え方次第で決まるのです。

「月にたった一〇〇万円の収入しかない」と不満を持っている人は、たとえ収入は二倍、三倍の額になろうとも、おそらくは満足感をおぼえることはできないでしょう。

人間の欲には、きりがありません。望むものを獲得したとたんに、それに不満を感じ始め、新たな欲に心を奪われるようになります。

老子に限らず、多くの賢人たちは、このような心の状態を「欲望の奴隷《どれい》になっている」と表現しています。そして、欲望の奴隷となっている限り、人は永遠に、精神的に「富める者」にはなれないと教えます。

まずは自分の心を「欲望」から解放してあげることが大切です。そして「足るを知る」ことです。そうすれば、人は幸福感、満足感をもって暮らしていけるのです。

「今の生活に満足している人」のもとへ、富は集まってくる

「富める者」とは、けっして金儲けのことしか頭にない「欲張りな人」ではありません。むしろ「足るを知る」精神を大切にして、謙虚に生きている人だと思います。

古代中国の思想家、孔子は、『論語』の中で次のような話をしています。

当時中国に「衛《えい》」という国がありました。その国の荊《けい》という人物は、とてもお金持ちであることで有名でした。

ある日、孔子は弟子たちに、この荊という人物について語ったのです。

「荊は、当初は、自分の家財道具も持てないくらい貧しかった。しかし、貧しい生活であっても、『これでも十分暮らしていけます』と言って、満足して暮らしていた。やがて家財道具が整い、自分の家を持てるほどの、お金が溜まった。ただし、それほど裕福だったわけではなかった。しかし荊は、『これで人並みの生活ができる。たいへんうれしい』と言って、満足していた。何年か経《た》ち、もっとお金が溜まって、裕福

な暮らしができるようになった。その時、荊は、『こんな幸福な暮らしは、私にはもったいない』と言って、慎ましい生活をしていた。荊は、たいへん立派な心がけを持った人だと思う」。

孔子は、この荊という人物を高く評価していたと言います。

なぜ高く評価したのかと言えば、荊が、まさに「足るを知る」という精神の持ち主だったからでしょう。

荊は、お金儲けのことばかり頭にある人物ではありませんでした。「ぜいたくな暮らしをすることだけが、生きる目的だ」という人物でもありませんでした。

貧しくても、不自由であっても、今の自分に与えられた環境に満足して生きていく、謙虚な人柄だったのです。

そのような謙虚な人格が、周りの人たちから愛され、また信用され、多くの富が集まってきたのでしょう。

精神的な富のみならず、実際の富も「足るを知る」人のもとへ集まってくるといえるでしょう。これは現代人にも、教訓にできる話だと思います。

不満ばかり口にしている人、満足して生きていける人

不満ばかり口にしながら生きている人がいます。

「あんなケチな夫と結婚するんじゃなかった」

「こんな安い給料ではやってられない」

「ダメな上司のせいで、私は能力を発揮できない」

「くだらない仕事ばかり押しつけられている」

不満を言う人は、きっと「不満を言う」ことで、不満が解消されると考えているのでしょう。しかし実際には、いくら不満を言ったとしても、まったく不満は解消されないのです。

いや、むしろ逆効果になる場合のほうが多いのではないでしょうか。「ケチな夫」に不満を言うことで、相手は怒って、ますますケチな態度で自分の方に接してくるでしょう。自分が働く会社に対して「給料が安い」と、上司に不満を言えば、「あの社

員はやる気がない」と見なされて、いっそう給料の少ない仕事を押しつけられる危険もあるように思います。

「不満を言う」よりも、もっといい方法があります。

「足るを知る」ことです。

「ケチな夫」であっても、「安い給料」であっても、あるいは「バカな上司」であっても、「くだらない仕事」であっても、「それで十分に満足だ」という気持ちをもって生きていきましょう。そうすることで、不満が口から出なくなります。

以前よりも明るく、積極的に生きていけます。

そんな自分自身を見て、周りの人たちも態度を改めます。

「ケチな夫」は、これまでの態度を、みずから反省してくれるでしょう。会社では「やる気がある人間だ」と周囲の評価が高まって、報酬の大きい、やりがいのある仕事が与えられるようになるでしょう。

「足るを知る」ことで、いいことが身の周りにたくさん起こってきます。

本当に不幸なのは、「自分が不幸だと思い込む」こと

「私は不幸だ」と言う人がいますが、では「不幸」とは何なのでしょうか。

恵まれた仕事がないこと。

貧乏なこと。

夫の収入が低いこと。

結婚に関して、友人に先を越されたこと。

色々な「不幸の理由」をあげられると思いますが、そのような外面的な理由は、本当の意味での「不幸の理由」ではないように思います。

一九世紀のロシアの小説家、ドストエフスキーは『悪霊《あくりょう》』という小説の中で、次のように述べています。

「あなたが不幸なのは、あなたがどれほど幸福であるか知らないからです。ただ、それだけのことなのです」

つまり、「私は不幸だ。私には、恵まれた仕事を与えてもらえない」と言っている人も、あるいは「私は不幸だ。私は貧乏だから」と言っている人も、じつは多くの「幸福」に恵まれているのです。

給料のいい、立派な会社に籍を置いているのかもしれません。

家庭では、よき家族がいるかもしれません。

「私は不幸だ。私は貧乏だから」と言っている人も同じことです。

実際には、たくさんの友人を持ち、私生活は楽しいことばかりなのかもしれません。

楽しい趣味を持っているかもしれません。

不幸だと思っている人は「幸福なこと」に目を向けずに、「ごく部分的な不満」にばかり意識を奪われて、「自分は不幸だ」と言っているのかもしれないのです。

自分の生活には、たくさんの「幸福なこと」があるのに気づきましょう。

そして「足るを知る」ことを心がけ、多少の不満足があっても「他に楽しいことがあるから、まあいいだろう」と、大らかな気持ちで、楽観的に考えるようにしましょう。それができれば、人生観が大きく変わると思います。

「ちょうどいいバランス」を大切にして生きていく

人が幸せな気持ちで暮らしていくために、もっとも大切な教えの一つが「足るを知る」ことだと思います。

「足るを知る」とは、「ちょうどいいバランス」と言い直すこともできると思います。

仏教の創始者であるブッダは、これを「中道」と呼びました。

ブッダは、今から二五〇〇年前、インドのネパールの国境付近にあった、シャカ族王国の王様の息子として生まれました。ありあまるほどの富があり、あくせく働くこともなく、遊んでばかりいてもいい立場にいました。

しかし、ブッダは、「遊んだり、怠けたりしていても、人間としての苦悩からは逃れられない。永遠の幸福感を手にすることはできない」と考えました。

そこで王族の地位を捨て、修行の道へ入りました。

しかし、いくら激しい修行を重ねても、永遠の幸福感を得ることはできませんでした。

ブッダは、「あまりに激しい修行を行うと悟りを得て、永遠の幸福感を手にすることを妨げる」と考えるようになりました。

そこでブッダは、大いなる真理に気づきました。それは、「怠けず」「激しすぎず」という中道こそ、悟りを得る方法だ、ということでした。

現代の人たちが「働く」ということについても、同じことが言えるのではないでしょうか。やはり大切なのは「中道」、つまり「ちょうどいいバランス」でしょう。

人は「より良い生活」を求めて、一生懸命に働きます。働けば働くほど、より良い生活に近づけます。しかし働きすぎれば、過労のために心身の健康を害します。

もちろん怠けて遊んでばかりいれば、会社をクビになってしまうでしょう。

ですから「怠けず」、しかしながら「働きすぎず」、ちょうどいいバランスでがんばっていくのがいいのです。そして、バランスよく働いていくために大切なのは、「ほどほどの幸せ」で「足るを知る」ことをモットーにすることだと思います。

欲をかきすぎると、「不幸」まで欲しくなる

「ほどほどの幸せ」に満足して暮らしていくのが、じつは「最上の幸せ」ではないかと思います。

「ほどほどの幸せ」以上のものを欲すれば、逆に、最悪の災いを招いてしまうこともあるように思います。

仏教説話に、こんな話が紹介されています。

ある国の王様は、とても幸せな暮らしをしていました。欲しいものはすべて手に入り、満ち足りた生活をしていました。

しかし王様は、ある時、ふと気づきました。

「自分には、まだ一つだけ手にしたことがないものがある」

それは「災い」でした。

王様は、「私は生まれてこの方、災いというものを見たことも、手に持ったことも、

経験したこともない。ぜひ災いというものを欲しいものだ」と思いました。

そこで家来に、「どんなにお金を払ってもかまわないから、災いというものを買ってこい」と命じました。

家来は、隣の国まで行って、高いお金を支払って「災い」を買ってきました。

「災い」は、竜にも虎にも似た、不思議な生き物でした。

「災い」は鉄の鎖《くさり》で何重にも縛られていました。

王様は、鉄の鎖を解いてやるように命じました。すると「災い」が暴れ出し、そこらじゅうを焼き尽くし、その国を滅ぼしてしまいました。

この話は、「欲の深い人間は、幸福ばかりではなく、災いも欲しくてたまらなくなる。その結果、みずから災いを呼び寄せてしまう」ということを教えているようです。

幸せな結婚生活をしていた人が、「もっと強い刺激」を求めて、しなくてもいい浮気をして「幸せな結婚生活」をみずからメチャクチャに壊してしまう人がいますが、そんなケースは、この仏教説話に当てはまるのかもしれません。

「高価なプレゼント」を受け取らない人が、幸せになれる

古代インドに、こんな昔話があるそうです。

ある国に、とても美しいお姫様がいました。

父親である王様は、「お姫様を喜ばせてあげたい。お姫様に愛されたい」という気持ちから、様々な高価な宝物をお姫様へ与えようとしました。

しかしお姫様は、「そんなものは要りません。私は今の生活に満足しています」と言って、受け取ろうとしませんでした。

王様は、自分の気持ちが踏みにじられたように思い、カンカンに怒って、お姫様をある貧しい男とむりやりに結婚させて、隣の国へ追放してしまいました。

しかしお姫様は、なげき悲しむことはありませんでした。

貧しい男との生活に満足し、ささやかな幸せを大切にして暮らしていました。

さて、お姫様が追放されていった隣の国では、跡継ぎがなく、後継者を一般の市民

から選ぶことになりました。学識のある占い師が、国中の者から後継者にふさわしい人間を探し出しました。

その結果、占い師は、お姫様と貧しい男の夫婦が、「この者たちは、とても善良な心を持っている。この者たちを次の国王と王女にすれば、国は栄えるだろう」と予言しました。実際に二人が国王と王女になると、占い師の予言した通り、その国は栄えました。

ある日、お姫様の父親である隣の国の王が、わざわざ挨拶《あいさつ》に来ました。

お姫様は、父親に、「私は欲張らず、足るを知る心を忘れずに生きてきたからこそ、今の幸せな生活を手にすることができたのです。もし欲張って、昔、お父さんから贈られた宝物をすべて受け取っていたら、今の幸せを手にすることはできなかったでしょう」と言いました。

もし誰かから「あなたに、すばらしい物をプレゼントします」と、高価なものを差し出された時、喜んでそれを受け取らないほうがいい場合もあります。

欲少なくして、足るを知る

「少欲知足《しょうよくちそく》」という言葉があります。

「欲少なくして 足るを知る」とも読みます。

これは『仏遺教経《ぶつゆいきょうぎょう》』という経典の中に出てくる言葉です。

この経典は、ブッダが死ぬ間際に、最後の教えとして弟子たちに語った言葉がまとめられたものだと言われています。

仏教の基本的な考え方は、「人の悩みは、欲望が満たされないことから生じる」というものです。ですから、「ふだんから欲望を少なくして、多少不満があることであっても、それに満足する」ということを心がけておけば、「悩みは生じない。安らぎに満ちた、幸せな生活を楽しめるようになる」と、仏教は教えています。

先ほどの『仏遺教経』の中で、ブッダは次のように教えています。

現代語訳して、その内容を書きます。

「欲が少なく、足るを知って生きている人は、たとえ辛いことが多いこの世の中にあろうとも、安らかな心で楽しくやっていけるでしょう。

一方、欲が多く、足ることを知らない人は、苦しみ、悩みの多い人生を生きていくはめになります。

欲が多く、足ることを知らない人は、たとえ金銀財宝を所有していようとも、心は貧しく、また苦しみや悩みばかりの人生を生きるのです。

たとえば、ある女性が「お金持ちで、ハンサムで、やさしくて、スポーツマンで、仕事ができる、理想の人と結婚したい」という願望があった時、その願望が叶えられなければ、「自分は、なんて不幸なんだ」と悩むのです。

たとえ相手が、お金持ちではなくても、仕事ができなくても、心のつながりがあり、それに満足して生きていけば、心の安らぎと、満ち足りた幸福感に包まれて生きていけるのです。

「分相応を知る」ことの大切さ

仏教には、「知足安分《ちそくあんぶん》」という言葉があります。

この言葉にある「分《ぶん》」とは、「身のほど」という意味があります。

「身のほどを知る」「身のほど知らず」といった言い方がありますが、その「身のほど」です。

「自分の能力、才能、立場」という意味にも理解できるでしょう。

「安《あん》」には、「それに満足する」といった意味があります。

つまり「安分《あんぶん》」は、「自分の能力、才能、立場に満足する」という意味になります。

この「安分」も、「知足《ちそく》」と同様に、幸せに生きていくための秘訣だと、仏教は教えています。

たとえば「もっとお金を儲けたい」という欲望から、自分の能力ではとうてい不可能な、むずかしい仕事にチャレンジする人がいます。

才能がないのに、「かっこいいことをしたい」という欲から、ミュージシャンや役者になる夢を追い続ける人もいます。

ただ「目立ちたい」という欲から、自分の立場では言ってはいけないようなことを、みんなの前で公表する人います。

しかし、そのように自分の能力、才能、立場を超えたことにチャレンジしようとすれば、多くの場合失敗し、悲惨な目にあう結果になるでしょう。

ですから仏教では、「自分の能力、才能、立場でできる範囲で、コツコツと努力を積み重ねていくのが大切」と教えているのです。

たとえ、ものすごいお金儲けをする能力はなくても、そんな自分に満足して地道に生きていくのが、その人にとってもっとも幸せな生き方なのです。

あまり先走りせずに、一歩一歩、自分という人間を成長させましょう。ゆっくり成長していくほうが、きっと「強い自分」を花咲かせることができると思います。

「知足安分」こそが、「賢い知性」となる

日本の鎌倉時代の思想家に、吉田兼好《よしだけんこう》という人物がいました。

この吉田兼好が『徒然草《つれづれぐさ》』という著作の中で、前項で紹介した「知足安分」という考え方、生き方の大切さについて述べた文章がありますから、ここで紹介しておきましょう。

わかりやすいように、私なりに現代語訳しておきます。

「自分自身に備わっている分《ぶん》、すなわち能力、才能、立場をよく知って、その限界を超えているとわかった時には、すぐに中断することこそが、人間の知性なのです。自分の能力を超えたものであるのにもかかわらず、それでもあきらめずに努力を続けていくのは、誤りなのです。一方、その人の能力を超えていることだとわかりながら、周りの人たちが『もっと、がんばれ』と、はやし立てる場合があります。それは周りの人たちが誤りをおかしているのです」というものです。

簡単に言えば、すぐれた知性に恵まれている人は、「無理なことはしない。無理だとわかったら、すぐやめる」ということでしょう。

これは、言いかえれば、「自分自身の力量をよく知っておく」ということだと思います。

体力がないのに、危険な高山への登山にチャレンジして、遭難《そうなん》してしまう人がいます。資金的にも、会社の実力から見ても、とうてい成功するとは思えない事業に乗り出して、結果的に大失敗してしまう経営者もいます。

そのような人たちは、吉田兼好から言わせれば「過ちをおかしている」と言えるのでしょう。

また吉田兼好は、もう一つ指摘をしています。「他人が持っている能力以上のものを強いるのも、愚かだ」と言っています。

つまり「他人に無理をさせず、自分も無理をしない」という「知足安分」をよくわきまえて生きている人が、幸せな成功者になれる、ということでしょう。

「生活で役立たないもの」は持たないようにする

いくら高価なものであっても、人が羨《うらや》むような貴重なものであっても、自分自身の実生活に役立たないようなものは、所有していても何の意味もないと思います。

中国には、こんな昔話があるそうです。

ある国の支配者が、別の国の支配者と仲良くやっていきたいと思い、「千里《せんり》の馬」を贈りました。

「千里の馬」とは、「一日で千里もの道を元気に走り抜けることのできる、馬力のある馬」の意味です。

「里《り》」とは距離の単位で、「一里が、約四キロ」と言われていますから、千里とは四〇〇〇キロになります。

本当に一日で四〇〇〇キロもの距離を走れた馬がいたかどうかはわかりませんが、これは比喩《ひゆ》であって、それだけ「貴重な馬」だったということなのでしょう。

しかし、そんな貴重な馬をもらった支配者は、ちっとも喜ばなかったというのです。

「貴重な馬であることはわかるが、私の国には一日で千里もの道を走っていける兵隊がおりません。兵隊のついていけないような馬では、軍馬としては役に立ちません。宝の持ちぐされになってしまいます」

そう言って、丁重《ていちょう》に送り返したというのです。

じつは、この中国の昔話を知って、鎌倉時代の日本の禅僧である道元《どうげん》（曹洞宗の開祖）が、とても感動したというのです。

道元は、次のように語ったと言われています。

「それがたとえ貴重なものであっても、必要のない、無用のものを持とうと思わないのは、すばらしい心がけだ。人間は本来、生きていくのに必要になるものだけ持っているだけで、十分に満足しなければならない。無用なものを蓄えようと思ってはいけない」

この道元の言葉も「足るを知る」という思想に通じるものなのでしょう。

人が生きていくために最低限必要な六つのものとは

「無用の長物《ちょうぶつ》」という諺《ことわざ》があります。

「長物」とは、「役に立たないもの」という意味です。

「貴重なもの、高価なもの、豪勢なものであるかもしれないが、あっても邪魔になるだけで、何の役にもたたないこと」という意味です。

前項で、中国の「千里の馬」の昔話を聞いた、鎌倉時代の日本の禅僧だった道元が「無用なものを蓄えようと思ってはいけない」と語ったと述べました。

じつは「無用の長物」という諺は、この道元の言葉から生まれたということです。

それでは道元は、禅僧にとって「必要なもの」とは、どんなものであると考えていたのでしょうか。

参考までに紹介しておきます。
①上着

②下着
③寒さを防ぐための衣服
④食器
⑤飲み水を入れる容器
⑥坐禅を組むための敷物

この六つのものを、禅宗では「六物《ろくもつ》」といいます。

禅宗では、この六つのものを持っているだけで「足るを知る」とするようです。その他のものは「無用の長物」として、身の周りからしりぞけるよう勧めるのです。

現代人が、この「六物」だけで生活していけるとは思いません。

しかし、心がまえとして、「この六物さえあれば、人は生きていける」と知っておくのは、いいことだと思います。

そう思うことで「足るを知る」という精神が養われます。

そして、心が欲にとらわれていくことを防げることができます。

【第1章のまとめ】

◎「真に富める人」は、「足るを知る」人だ。

◎不平不満を言うほど、不幸になっていく。

◎欲をかけば、願望が逃げていく。

◎「欲少なくして、足るを知る」生き方を実践する。

◎「身のほど」を知った生き方をする。

第2章

欲張り過ぎると、すべてを失う

「今いる環境」に満足して生きる

「魚《いお》は水にあかず」

これは平安時代から鎌倉時代の日本の思想家、鴨長明《かものちょうめい》が『方丈記《ほうじょうき》』という著作で述べた言葉です。

「魚は、水の中での暮らしに、あきることはない」というのが、言葉の意味です。

鴨長明は「人間の暮らし」も、そのようなものでなければならない、と言いたかったのだと思います。

人は、ともすると「今の暮らし」に物足りないものを感じて、「都心へ引っ越して、もっと快適で華やかな生活を送りたい」だとか、「今の夫との生活なんて、もうアキアキだ。離婚して、違う人とやり直したい」といったことを考えます。

しかし、そのような欲望に導かれて、都心へ引っ越し、あるいは離婚したとしても、バラ色の人生が待っているのかと言えば、けっしてそういうことはありません。

新しい生活の中で、また物足りないものを感じ始め、新天地を探し始めるでしょう。しかし、そのようにして引っ越しや離婚を何度繰り返しても、永遠に「安住の地」は見つかることはないと思います。

というのも「安住の地」は、「今、ここにある」からです。

今の住居、今の夫との生活こそが、「安住の地」なのです。

「そのことに気づきなさい」と、鴨長明は「魚は水にあかず」という言葉の中で教えているのではないでしょうか。

「足るを知る」という心がまえを持てば、そんな「物足りなさ」「アキアキした気持ち」も生まれてはこないと思います。

「今の生活に多少の不満があろうとも、よそに目を向けるのではなく、その不満を改善して満足していくものに変えていく」というのが、「足るを知る」という考え方であるからです。

日頃の創意工夫で、今の生活は、ずっと楽しいものになっていくでしょう。

「小さい家」のほうが、住み心地がいいこともある

もう一つ、鴨長明が『方丈記』の中で述べた言葉を紹介しておきましょう。

「かむなは小さき貝を好む。これ事知れるによりてなり」

言葉の冒頭に出てくる「かむな」とは「ヤドカリ」のことです。

よく知られている通り、海に住むヤドカリは、空になった貝がらの中に体を入れて暮らしています。

その際に、「ヤドカリは、小さな貝がらを好んで住処《すみか》にする。それは小さな貝がらのほうが、住み心地がよいと知っているからだ」というのが、言葉の意味です。

ここでも長明は、「人間も、そのようにならなければならない」と述べていると思います。

人は、ともすると「大きな家」に住みたがります。

「大きな家」は、成功者のステータスにもなりますから、虚栄心も満たされるのでし

ょう。

しかし「大きな家」に住むのは、いいことばかりではありません。掃除がたいへんですし、さびしさを感じる人もいるでしょう。

それを考えれば、「むしろ小さな家のほうが暮らしやすい」というのが、長明の考え方なのでしょう。


この長明の考え方も、「足るを知る」に通じるものがあります。

「小さな家であっても、快適で、健康的な生活ができるのであれば、それで十分だ。小さな家に満足しよう。大きな家を望む必要はない」というのが、「足るを知る」の考え方でもあるからです。

住み心地のいい「小さな家」を選ぶか、人に自慢できる「大きな家」を望むかは、人それぞれの判断でしょう。基本的には小さくても、大きくても、住み心地がよく、満足できるかどうかが問題なのです。

失敗の数が多くなるほど、人生の知恵が増えていく

人生で失敗や挫折を経験することは、必ずしも悪いことではないと思います。

あるガーデナー（園芸家）がいます。

彼は、今ではガーデニングの世界では有名になり、多くの人が周りに集まってきます。その人たちに、植物の育て方や、上手な花の咲かせ方を教えています。

周りの人たちは、彼のことを「あの人ほど、植物の育て方がうまい人はいない」と言います。

しかし彼も、若い頃には、失敗や挫折の連続だったと言います。

水や肥料のやり方、手入れの仕方が悪くて、数多くの植物の花を枯らせてしまったのです。

しかし、その失敗や挫折から、「この種類の花には、このような水のやり方をしてはいけない」「この種類の植物には、このような点を注意しなければならない」とい

うことを一つひとつ学んでいったのです。

失敗や挫折の経験は、このガーデナーが話すように、人に「知識やノウハウ」を与えてくれるものなのでしょう。

ですから、失敗や挫折を経験することは、必ずしも悪いことではないと思います。


古代中国の思想家、孟子《もうし》は『孟子』という書物の中で、つぎのような意味のことを述べています。

「失敗や挫折は、その人の師匠となって、色々なことを教えてくれる」

言い換えれば、失敗や挫折を師匠として、色々なことを教えてもらうために大切なのも、「足るを知る」という心がまえではないかと思います。

「足るを知る」とは、「たとえ失敗や挫折した経験であっても、そこから目をそらすことなく、自分の中に受け入れる」ということでもあると思います。

ですから、失敗や挫折を「足るを知る」という心がまえによって、受け入れることができれば、そこから将来に役立つ多くの知識を得ることができるでしょう。

「足るを知る」人は、過去を後悔しない

人生には様々なことが起こります。うれしいこと、楽しいことばかりではありません。時には、挫折したり、身近な人とケンカしたり、悲しい思い、苦しい思いをしなければならない出来事もたくさんあります。

「足るを知る」という考え方は、こんな挫折や苦しい体験を乗り越えていくためにも役立ちます。

ただし、それは挫折や困難に正面からぶつかっていって、勇ましく打ちくだく、という方法ではありません。もちろん、挫折や困難から逃げることでもありません。

「足るを知る」とは、「挫折や困難があっても、あまり気にせず、楽天的にそれを受け入れていこう」という考え方です。

この「足るを知る」で楽天的に対処する方法が、もっとも賢い生き方だと思います。

たとえば、ある男性が婚約していた女性から、結婚式直前に突然、「結婚を考え直

したい」と言われたとします。これは、たいへんショックな出来事です。

このような出来事に直面した時、ふつうの男性は、どうにかして相手の女性を考え直させようと思い、必死になって説得するでしょう。また、ある人は、ショックから落ちこんで、仕事も何も手につかなくなってしまうかもしれません。

しかし「足るを知る」という考え方では、この二つの方法は取りません。

「結婚を考え直したい」と言ってくるくらいですから、何か理由があるのでしょう。

「初めから愛情がなかった」のかもしれません。「他に、つきあっていた男性がいた」のかもしれません。いずれにしても、そのような女性と結婚しても、うまくはいかなかったでしょう。

「足るを知る」という考え方に従えば、「そんな相手と、結婚する前に別れることができてよかった。結婚した後になって別れるのは、法律的な問題も出てくるから、たいへんなことになっていた。僕は運がいい」と楽天的に考え、「もっといい女性を新しく探そう」となります。このほうが、ずっと賢い生き方といえるでしょう。

「足るを知る」で、仕事と私生活のバランスを良くする

「足るを知る」という考え方は、「もう少しゆとりをもって、心安らかに生きていく」というライフスタイルの提案でもあります。

「仕事が増えれば増えるほど、忙しくなればなるほど、喜びを感じる」という人がいます。

このタイプの人は、やるべき仕事が多いほど、また忙しくしているほど、「自分は周りから頼りにされている」「自分は有能な人間だ」という優越感に浸れるのです。

この優越感に浸りたいために、自分の仕事をこなすだけでは満足できずに、同僚から「手伝ってほしい」と頼まれてもいないのに、他人の仕事を手伝おうとします。

残業などする必要はないのに、自分自身で新しい仕事を作って、毎日遅くまで残業します。また、休日出勤もします。

しかし、このように、本来やらなくてもいい仕事を山のように抱えこんでしまうこ

とは、大きな危険をはらんでいるとも言えます。

そのようなタイプの人には、働きすぎが原因で、突然病気となって倒れてしまうケースも多いのです。気持ちは「もっと、もっと、がんばりたい」と先走りしていくのですが、それに体力、健康面が追いついていかないのです。

やはり、体力、健康面からも「足るを知る」生き方を学ぶのが大切になってくるように思います。

自分に与えられた仕事をこなすだけで「足るを知る」ように心がけましょう。

時間にゆとりができた時には、早く自宅へ帰り、リラックスする時間にあてましょう。スポーツで汗を流す習慣を持つのもいいでしょう。

「足るを知る」ことで、生活にゆとりができ、仕事と私生活のバランスが良くなっていきます。

仕事にばかり偏らないように注意することが大切です。

欲張りすぎると、すべてを失う結果になる

インドに、こんな昔話があります。

家が二軒並んで建っていました。ある日、近所で火事が起こりました。風の強い日だったので、その二軒の家にも火が燃え移りました。

一方の家主のAさんは、もう火を消すことは困難だと考えて、「とにかく、家の中にある家財道具だけを、外へ運び出せ」と、家族たちに命じました。

Aさんの家は、火事で家を失ったものの、家財道具だけは残せました。そこで家を建て直し、すぐに以前の通りの生活を取り戻すことができました。

もう一方の家主のBさんは、「家財道具を火事で失ってしまうものはもったいない。しかし、せっかく建てた家を火事で燃やしてしまうのももったいない。家も、家財道具も、両方残したい。そのためには火を消すことだ」と考えて、家族たちに「早く火を消せ」と命じました。

しかし結局、火を消すことはできずに、その主は、家も、家財道具もすべて失ってしまいました。

村の人々は、前者の主を「賢い人」、後者の主を「愚かな人」と呼んだと言います。

この昔話は、「欲をかきすぎると、真実が見えなくなり、判断を誤り、結局はすべてのものを失う」ということを教えてくれていると思います。

村人から「賢い人」と呼ばれた、Aさんは、「足るを知る」精神の持ち主であったと思います。

欲張らず、「家財道具だけ残れば、それで十分に満足だ」という精神があったからこそ、火事という災難にあっても、すぐに立ち直って生活を再建することができたと思います。

この昔話は、現代人にも、大切な教訓を与えてくれているのではないでしょうか。

押しつけられた欲と、自分本来の欲の違い

人の「欲」には二種類あるとされています。

一つは、「外の世界から影響を受けて生まれる欲」です。

たとえば友人が持っているものを見て、「いいな。自分は持っていない。自分も欲しい」と思うのは、このタイプの欲です。

テレビのＣＭや、新聞広告を見て、「さっそくあの商品を手に入れよう。さぞ友人たちに自慢できるだろう」といったことを思うのも、このタイプの欲でしょう。

最近流行しているものを欲しくなる欲も、このタイプです。

一方で、「自発的に生まれてくる欲」があります。

これは他人や、世の中の動きとは関係なしに、「教養を高めたい」「個性を生かした仕事を成し遂げたい」という欲です。いわば「自己実現欲」です。

今、とくに「足るを知る」という意味から、欲を抑制、コントロールしていかなけ

ればならないのは、前者の「影響された欲」と言えるでしょう。

このタイプの欲は、放っておくとどんどん大きくなっていきます。そして、ついには自分自身を「欲の奴隷」にしてしまいます。

その欲を満たすために、借金地獄にはまるまでお金を浪費させ、周りの人たちとの円満な関係も壊し、真面目に生きていくことを不可能にしてしまうのです。

ですから、他人が持っているものを羨ましいと思っても、「足るを知る」という考え方にもとづいて、「同じようなものをすでに持っている。今、持っているもので十分満足だ」と、欲を抑えるようにしなければならないと思います。

ＣＭや広告を見て、欲しいものが出てきたとしても、「今、使っているものを、まだ使える。それで十分だ」と考えなければなりません。

一方、「自発的な欲」は、物欲というよりも、「教養を高めたい。立派な人間になりたい」という精神的な欲である場合が多いようです。

ですから、積極的に追い求めていっていい欲であると言えると思います。

「足るを知る」人は、ノーと言うのがうまい

「ノーと言えない」という人がいます。

人から頼まれ事をされた時に、内心「それは無理だ」と思いながらも、つい「いいですよ」と言ってしまうようです。

このタイプの人たちは、「ノーと言えば、相手との人間関係がおかしくなる。それが怖い。みんなと仲良くしていたいから、ノーと言わない」と言います。

このタイプの人たちは、基本的に、とてもやさしい気持ちの持ち主です。

他人にやさしい気持ちを持つことはいいことです。

本書の中でも、「自分のことばかり考えるのではなく、他人のためになることをする」ことを勧めてきました。

ですから、もし自分に時間的、体力的、能力的に余裕があるのであれば、人からの頼まれ事を引き受けるのがいいでしょう。

しかし、「どうしても他人のために自分の時間を割けない」「体力的にクタクタに疲れきって、人のために何かをするゆとりがない」「この頼まれ事は、自分の能力をはるかに超えている」という場合もあると思います。

そんな場合でも、「相手との人間関係がおかしくなる」ことを怖れて、ノーと言わずに、何でも引き受けてしまえば、そのためにオーバーワークになって自分自身がパンクすることになるでしょう。

そのようなタイプの人も「足るを知る」という心がけを持つほうがいいのではないかと思います。「足るを知る」とは、「自分にできる範囲のことをする。自分にできる範囲のことに満足してする」という意味です。

言い換えれば「自分にできないことはしない」という意味にもなります。

頼まれ事を受けた時、もし「どうしても無理だ」と思う時は、「ノー」と断ってもいいのです。そのことで、相手との人間関係が悪化することを怖れる必要もないでしょう。「申し訳ない。今回は無理」ということを、ちゃんと説明すれば、その後も相手と仲のいい関係を保っていくことができるでしょう。

「足るを知る」で、人の誘いを上手に断る

「人からの誘いを、断れない」という人がいます。

友人から「一緒に映画を見に行こう」と誘われると、すでに一度見た映画であっても、「いいですね。行きましょう」と言ってしまいます。

仕事の関係者から「今晩の会合に出席してもらえませんか」と誘われると、心の中では「今日は疲れている。早く家に帰って休息を取りたい」と思いながらも、「ぜひ私も参加させてください」と言ってしまいます。

せっかくの誘いを断ってしまうと、「『つきあいの悪い人間』というレッテルを貼られてしまうのではないか」という不安感があるからだと思います。

しかし「内心とは裏腹の行動をする」ことは、けっしていいことだとは思えません。

そうやって「行きたくない場所へつきあわされる」「したくないことを、一緒にやる」ということを繰り返していけば、ストレスがどんどん溜まっていきます。

そして、そこから心がキレてしまうことにもなりかねません。

人の誘いを上手に断れるようになるためにも、大切なのは「足るを知る」ということだと思います。それは、言いかえれば、「人から良く思われたい」という欲望を、少し和らげることだと言ってもいいでしょう。

今の自分自身であっても、周りの人たちから、そう悪くは思われていないと思えばいいのです。親しい感情を抱かれていると思えばいいのです。

ですから周りの人たちは「映画を見に行こう」「一緒に、どこかへ行こう」と、誘ってくれているのです。

誘いを断れない人は、今の「自分の評判」に満足し、それ以上良く思われようと思わないことです。

そういう意識が根づけば、相手との人間関係が悪くならないような形で、しっかり「ごめんなさい」と謝り、上手に「行きたくない誘い」を断れるようになるでしょう。

「足るを知る」で、自分をもっと好きになる

人は誰でも「こんな自分になりたい」という理想像を持っていると思います。

「子供たちに尊敬される父親になりたい」

「自分らしい生き方をする、ステキな女性になりたい」

「三〇代、四〇代になっても、今のスタイルを保持していたい」

このような理想像を心の中に持っておくことは、大切だと思います。それが生きる励みにもなりますし、自分という人間を向上させる意欲をも生み出します。

ただし、注意も必要です。それは、あまりにも高い理想を思い描くことです。

高い理想を抱くと、「理想と現実」のギャップが大きくなりすぎて、かえってやる気を失う原因となってしまいます。

当初は、やる気満々で張り切っているのですが、途中で「今の自分の能力では、理想の自分を作りあげることなど、とても無理だ」と気づき、「どうせ自分は何をやっ

てもダメなんだ」と、自己嫌悪におちいってしまうケースが多いのです。

そして、今後の人生を意欲的に生きていこうと思う、前向きな気持ちを永遠に失ってしまう危険があります。


ですから、「理想の自分」は、ちょっとがんばれば手に届く範囲で、思い描いておくほうがいいと思います。

「理想の自分」を追い求めるのも大切ですが、同時に今の自分を、まさに「足るを知る」という心がまえによって、ありのままに受け入れる気持ちを持っておくことも大切になるのではないでしょうか。

「今の自分を受け入れられない」から、あまりにも高い理想を掲げてしまうように思います。

「今の自分が好きだ。だけど、もうちょっとがんばって、こんな自分になれれば、もっと自分を好きになれるだろう」といったような考え方をするのが、正しいように思います。

「こうあるべきだ」「でなければならない」的な発想をやめる

「理想が高い」タイプの人がいます。

このタイプの人の特徴は、「こうあるべきだ」「でなければならない」という考え方で、みずからをがんじがらめに縛ってしまうところにあるようです。

「女なのだから、料理上手でなければならない」
「課長なのだから、信頼感の高い人間であるべきだ」
「一家の長なのだから、家族を幸せにしてやらなければならない」
「母親として、子供たちの将来について真剣に考えてやるべきだ」

ひと口で言えば、とても「責任感が強い」のです。

もちろん責任感を強く持つのは、一人の人間として称賛される資質なのでしょう。

しかし、あまりにも強すぎる責任感は、強いストレスをもたらし、幸せに生きることを困難にする原因になる場合もありますから、注意が必要です。

というのも人間は、そう簡単に「理想的に生きる」ことはできないからです。

女性であっても、料理が苦手な人もいるでしょう。

管理職であっても、時には部下の信頼を損なう失敗をすることもあると思います。

一家の長であっても、家族みんなを幸せにしてやれるとは限りません。

母親も自分の人生すべての労力を子供のために捧げるわけにはいかないと思います。

しかし、理想が高く、責任感の強い、このタイプの人たちは、そのような小さな欠点が自分にあることを許せません。

ちょっとした失敗であっても、深く傷つき、自分を強く攻めてしまいがちです。

いわば、一〇〇点満点のテストで九〇点だったとしても、「自分はなんてバカなんだ。自分なんて価値のない人間なんだ」と落ちこんでしまうタイプの人なのです。

このタイプの人たちが、安らかに、幸せに生きていくために必要なのも「足るを知る」という精神だと思います。「足るを知る」ことによって、「こうあるべきだ」「でなければならない」的な発想をやめることが大切できます。

「欠点だらけの人間であっていい」と考える

理想が高く、「こうあるべきだ」「でなければならない」的な発想に縛られている人は、自分で自分を追いこんでしまうようなところがあります。

そのために自己嫌悪におちいりやすく、幸せな気持ちで前向きに生きていくことができません。

このタイプの人たちは、まず「人間とは、もともと欠点だらけの存在だ」ということを知る必要があると思います。

どんな賢者や偉人、成功者や人気者であろうとも、数多くの欠点を持ち、この世で生きている間には失敗や、恥ずかしいことをすることも多い、ということです。

そして、「足るを知る」ということをモットーにして、「ありのままの自分」を受け入れてあげることが必要なのではないでしょうか。

＊料理下手な女であっても、大丈夫。その分、他のところで、魅力ある女性になる努力をすればいい。

＊ドジで、失敗ばかりしている、頼りない上司であってもいい。そのほうが人間としての愛嬌《あいきょう》があって、部下たちから慕われる。

＊一家の長だからと言って、自分だけががんばる必要もない。家族みんなで、お互いの足りない部分を補いあって、がんばっていくのがいい。

＊子供たちは勝手に育っていくもの。自分があれこれ面倒を見なくても、立派に育っていくものだ。ダメな母親でも大丈夫。

このように「ありのままの自分」を受け入れて、あまり背伸びをしようと思わずに、気楽に構えていくのがいいでしょう。

人間にとっては「ありのままの姿」で生きていくのが、一番に幸せなことではないかと思います。

そのほうが、気持ちが解放され、明るく、前向きな気持ちで、自分の人生を切り開いていけるでしょう。

「足るを知る」ために「いいこと日記」をつける

「足るを知る」という生き方を実践するために、お勧めしたいのが「いいこと日記」を書くことです。

この「いいこと日記」では、すべての出来事を「よかった」「満足だ」「気持ちいい」「すばらしい」という、前向きな感情に結びつけるようにします。

「今日、忙しくて、お昼ごはんを食べそこなった。そのためにダイエットできた。お腹は減ったけど、私は満足だった」

「職場の上司に怒られた。いい勉強になった。これで一つ成長できた。怒られて、ほんとうに満足だ」

たとえネガティブな出来事が起ころうとも、それを前向きに受け入れていこうというのが、「足るを知る」という生き方の基本です。

この「いいこと日記」をつけていくうちに、自然に「前向きに考える」「前向きに生きる」という習慣が身についてきます。

人間の心は、ある方向へ向かうように習慣づけていくと、意識しなくても、その方向へ向かうようになります。

楽観的なものの考え方ができる人は、ふだんから楽観的にものを考えるように、自分の意識を習慣づけているのです。

反対に、「お昼を食べそこなった。能力がないから、お昼まで仕事を終わらせることができなかった」「上司に怒られた、もうダメだ。この会社では生きていけない。辞めるしかない」というふうに、物事を悲観的に考える人は、ふだんから悲観的に考えるように、みずからの心を習慣づけてしまっているのです。

この「足るを知る」という発想法を身につけて、物事を前向きに考える習慣を身につけましょう。そうすれば、少々のことではへこたれなくなります。

心にタフな力が備わって、力強く生きていけるようになるでしょう。

将来についても、希望を持って生きていけるようになると思います。

【第2章のまとめ】

◎「小さな家」のほうが住みやすいこともある。

◎失敗が、生きる知恵となる。

◎ライフ&ワーク・バランスを良くする。

◎「こうあるべきだ」的発想をやめる。

◎「いいこと日記」をつける。

第3章

目の前にある幸せを大切にする

幸福は、すぐ目の前にある

「願望は、遠くにあれば遠くにあるほど、それに向かって『がんばっていくぞ』という意欲がわいてくる」

そのように考えている人たちが、たくさんいます。

その考え方のすべてが間違っているとは思いませんが、しかし「足るを知る」という考え方に従って、「遠くの願望」よりも「近くの願望」を大切にしていくのもいいのではないでしょうか。

そのほうが、より早く、充実した幸福感を得ることができるのではないでしょうか。

ベルギーの詩人、メーテルリンクの『青い鳥』という作品には、次のようなセリフがあります。

「なんだ、あれがボクたちが探していた、青い鳥だったんだ。ずいぶん遠くまで、苦労して、つらい思いをして探しまわったけれど、本当はこんな近くにいたんだ」

『青い鳥』とは、チルチルとミチルという二人の兄妹が、幸せになるために「青い鳥」を探し求めて森の中を歩きまわるという物語です。

この物語では、「青い鳥」は、人間の「夢や願望」の象徴です。「夢や願望」の象徴である「青い鳥」をつかまえることで、チルチルとミチルは「自分たちは幸せになれる」と信じていました。

しかし、チルチルとミチルは、当初、「夢や願望は遠くにあるもの」と思いこんで、遠くへ遠くへと探しにいくのです。

しかし見つからず、くたびれ果てて家に戻ってくると、探し求めていた幸せの「青い鳥」は、家のすぐ近くにいたことに気づきます。

これが『青い鳥』の、大まかなストーリーです。

この物語の中で、メーテルリンクが言いたかったことも、「遠くの願望よりも近くの願望を大切にしていきなさい」、つまり、幸せは身近にある、ということではないかと思います。

日常生活の中に見つかる、小さな夢

大きな目標よりも、小さな目標を大切にしていくことが、幸せをつかむコツになります。

それでは「小さな目標」とは、具体的に、どのようなものなのでしょうか。そのことについて、この項目では考えたいと思います。

＊花の咲くのを楽しみに、今日は庭の植物に水をやる。
＊今日一日を、自分のできる範囲で、精一杯生きる。
＊「今日は、大いに笑って暮らす」と決めて、実行する。
＊一日一万歩を歩く。適度な運動の後で、食事をおいしく食べる。

たとえば、このようなことが「小さな目標」であると思います。

すべて、遠くまで出かけていかなくても、多額のお金をかけなくても、それほど苦労しなくても、できる目標です。

やろうと思えば、すぐにできる目標です。

とは言いながら、この目標が達成された時の喜びや充実感は、小さいものではありません。それは、とても大きなものになるでしょう。


ジョン・レノンという歌手がいました。

ジョン・レノンの『イマジン』という歌には、このような歌詞があります。

「想像してごらん。あなたならできると思うよ」というものです。

『イマジン』の歌詞にあるように、想像してみましょう。

きれいな花々が咲く、庭の光景。

よく働いた後の、爽快感《そうかいかん》。

身近な人たちが、笑いあっている姿。

「小さな目標」によって得られた喜びや充実感が、いかに大きいものか実感できるのではないでしょうか。

「足るを知る」とは、そのような喜びや充実感を大切にしていく生き方です。

「小さな幸福」に満足すれば、それは「大きな喜び」になる

「幸せな一生を送る」ことを考えるよりも、「今日一日を幸せに生きる」ことを優先していきましょう。

それが「足るを知る」という考えにもとづいた生き方になります。

ピンダロスという古代ギリシャの詩人の言葉を紹介しておきましょう。

「人間は愚かだから、足元に転がっている幸福を見すごしてしまう。そして、手の届かないものばかり求めている」

「幸せな一生を送る」ことばかり考えている人は、「手が届かないものばかり求めている」という生き方に陥りがちです。

「三〇歳で独立して、四〇歳で大成功し、五〇歳で自分の作った会社を上場させて、豊かな老後を楽しむ」

「二〇代でヨーロッパに移住して、大富豪の息子からプロポーズされ、セレブな結婚

生活を楽しむ」

このような夢や願望を抱くのは、必ずしも悪いことではありません。

しかし、このような人の一生にわたる夢や願望は、そのスケールがあまりに大きすぎて、「たんなる夢物語」に終わってしまう場合も多いのです。

したがって、もう少し今の自分の生活実感から、かけ離れない夢や願望を大切にして行くほうが、賢い生き方になると思います。

ピンダロスが言う「足元に転がっている幸福に気づく」とは、そういう「身近な夢や願望を大切にする」という意味だと思います。

また、「今日一日を幸せに生きる」ということも、「足元に転がっている幸福」に気づき、それを大切にしていこうという生き方です。

それが「足るを知る」生き方の実践だと言っていいでしょう。

「足元に転がっている幸福」を一つ一つ拾いあげながら、着実に前に進んでいきましょう。気づいた時には、足元から拾い上げた「小さな幸福」が、思いがけないような「大きな幸福」となっているのに気づくでしょう。

「欲が少ない」からではなく「欲がない」から、進路が見つからない

最近の若者は、「将来、これと言って、やりたいことはない」「特別、成功したいと思わないし、お金持ちになりたいとも思わない」という人が多くなっていると聞きます。

いわば「欲がない」のです。出世欲、成功欲、金銭欲というものがありません。

前述したように「知足」という言葉は、よく「少欲知足《しょうよくちそく》」という熟語で使われます。「欲少なくして、足るを知る」と読みます。

今の生活に満足し、充実した気持ちで生きていくためには、「欲を少なくしなさい」という教えです。欲を少なくすることで、「足るを知る」生活が実践できる、と説きます。

その意味では、多くの若者たちは「少欲知足」と教えを守っているようにも思えます。しかし、やりたいことも、夢もない若者たちは、けっして今の生活に満足し、充

実した生活を送っているようには見えません。

じつは「欲を少なくする」と、「欲をなくす」には、大きな違いがあるのです。

最近の若者たちは、「少欲」という教えを実践しているわけではないと思います。「どうせ自分は、成功したい、お金持ちになりたいと願っても、無理に決まっている」と、あきらめてしまっているようです。

そのために、何事にも投げやりになってしまうのでしょう。

人が、幸福に生きていくためには、ある程度の欲は必要なのです。

仏教や、キリスト教なども、人の「欲」を完全に否定してはいません。

欲を捨ててもいいのですが、「欲に執着する」のが良くないのです。「人のために、いいことをしてあげたい」という欲であれば、もっといいのです。

しかし「自分の利益ばかり追い求める」欲は良くありません。

執着する欲ではなく、自分の利益ばかり追い求める欲でもなく、自分の将来に対して、明るく、前向きな気持ちを与えてくれるような欲を持つことは、いいことだと思います。

「大きな夢」が、やる気をなくす原因となる

「最近の若者は、欲がない人が多くなってきている」という前項の話を、もう少し続けましょう。

人間が前向きに、希望を持って生きていくために必要な「欲」を持てない理由の一つとして、じつは「世の中の情報に振り回されている」場合もあるのではないかと思います。わかりやすく説明します。

テレビを見たり、雑誌を読んだりしていると、大成功をおさめたセレブな人たちがたくさん紹介されます。

成功者たちは、多くの人が憧れるような仕事を持ち、多額の報酬を得て、華やかなパーティに出席し、広い邸宅に暮らしています。

そのような成功者たちの生活を見れば、若者たちはきっと「うらやましい。自分もあのような人生を送ってみたい」と思うでしょう。しかし同時に、「自分には、これ

といった才能もないし、仕事もできるわけじゃないし、あのような成功者になるのは、どうせ不可能だ」と、あきらめてしまう人も多いのではないかと思います。

そして「才能のない自分」「仕事ができない自分」が、ますますイヤになってきて、前向きな気持ちで生きていく意欲を失っていきます。

つまり、夢や希望を生む、いい意味での「欲」を失ってしまうのです。

マスコミでは、多少誇張して成功者たちの「セレブな生活」「ぜいたくな暮らし」が報道されている場合が多いと思います。実際には、成功者と呼ばれるような人たちも、一般の人たちとそう違わない生活をしているのではないでしょうか。

へたに「誇張された成功者のイメージ」に振り回されるのではなく、まずは自分の今の生活にすなおに向き合ってみましょう。

「足るを知る」とは、「自分自身の今の生活を大切にする」という意味もあります。

そうすると、今まで気づかなかった自分の才能や長所に気づくようになります。

それを伸ばしていけば、いい意味での「欲」に導かれた、夢や希望が生まれてくると思います。

「何のために生まれてきたのか」について考える時の、注意点

若い人たちは、よく自分自身に、「私は何のために、この世に生まれてきたのだろう」と問いかけます。

これは自分自身の人生に、まじめに正面から向かいあっている証しだと思います。真剣な気持ちで、「より良い人生を実現したい」と考えているのでしょう。

ですから、「何のために生まれてきたのか」「自分に課せられた使命とは何か」「自分は何を成さなければならないのか」という問題について考えるのは、とても良いことだと思います。

しかし、「理想主義」におちいらないように注意しましょう。というのも、この「問いかけ」は、ある危険な要素もはらんでいます。

たとえば、考え抜いた末に、「私は小説家になるために、この世に生まれてきたのだ」と結論づけた青年がいたとしましょう。

しかしながら、「これが私の使命だ」と決めたからと言って、その時からすぐに小説家として生きていけるわけではありません。

小説家になるためには、いわば長期にわたる修業期間が必要になってくるでしょう。その間は、生活費を稼ぐために、小説とはまったく関係のない仕事に従事する必要も出てくるでしょう。

その時に、理想主義におちいっている人は、「小説家になる」という念願と、「生活していくために従事する仕事」のギャップに、大きな悩み、苦しみを持つでしょう。そのために、かえって、やる気をなくし、投げやりな人生を送ってしまう人もいます。

そうならないためにも「足るを知る」という哲学の実践が大切になるのではないでしょうか。

社会に出れば、自分の願望、使命感にそぐわないことをやらされることも多くなります。その時、「足るを知る」精神を持って、自分に与えられた仕事を満足してこなしていきましょう。その上で、自分の願望、使命感を実践する方法を考えるのです。

「足るを知る」精神のある人は、将来伸びていく

料理人の修業は、和食洋食問わず、皿洗いから始まります。ちょっと出世すると、次に待っているのは、野菜を洗ったり、皮をむいたり、刻んだりする仕事です。

皿洗いも、野菜の処理も、それほど面白い仕事とは言えないでしょう。やりがいのある仕事でもありません。いわば、あきあきするような単純作業です。いわば「一人前の料理人になるための修業」と言っていいのでしょう。

ある料理人が言っていました。

「皿洗いや、野菜の処理という単純作業に、どういう態度で向かっているかを見れば、その人が将来、調理人として一流となるかどうかがわかる」と言うのです。

将来出世できない人は、皿洗いや、野菜の処理といった作業を、「なんで、くだらない仕事を、自分がやらなければならないのか」といった、ふてくされた態度でやっ

ているというのです。

一方、将来出世していく人は、「これも一人前の調理人になるために必要な、大切な仕事なんだ」という、前向きな、イキイキとした態度でやっていると言います。つまり、将来出世する人には「足るを知る」という精神が備わっているのだと思います。

「足るを知る」という精神が備わった人は、たとえどのような仕事を命じられようとも、ふてくされたりはしません。

面倒臭い仕事でも、あきあきする仕事でも、とてもやってられないと思うような仕事であっても、それに満足して、まじめに従事することができます。

じつは、そのような「前向きで、明るい態度」が、自分の人生を成功に導く秘訣になっています。

ですから、「ふてくされた態度でしている人」よりも早く出世して、皿洗い、野菜の処理といった仕事からも早く次のステップへ進むことができます。

心の持ち方次第で、運命は大きく変わるものなのです。

自分の持っているものを大切にする

人には「他人のことが気にかかる。何かと、自分と他人を比較したがる」という性格があるようです。

しかし、「自分と他人を比較」しても、いいことは何もないように思います。

不用意に自分と他人を比較すると、他人が「自分が持っていないもの」をたくさん持っているような気がしてしまいます。

「友人は、私が持っていない最新式のケータイ電話を持っている」

「職場の同僚は、ボクが持ってないメーカーの自動車に乗っている」

「友人は、私が持っていないブランド物のバッグを持っている」

「同級生の彼は、僕が持っていないパソコンを持っている」

といった具合です。

その結果、他人が持っていて、自分が持っていないものを欲しくてしかたなくなります。そして、この欲望にはキリがありません。

世界中の、ありとあらゆるものを買い込んできても足りないでしょう。もちろんお金が底をついてしまうでしょうし、精神的にも、いつも「あれも、これも欲しい」という気持ちに追いかけられて、安らぐヒマもなくなるでしょう。

それならば、他人が持っているものを「うらやましい」と思う気持ちにストップをかけましょう。

それができた時、じつは自分が、周りの人たちが持っていない、すばらしいものを持っていることに気づくでしょう。他人が持っているものを「うらやましい」と思っている限り、自分が今、手元に持っているものの価値に気づくのです。

「今、自分が持っているもの」の、すばらしい価値を再発見しましょう。

むやみに他人が持っているものを欲しがるよりも、「今、自分が持っているもの」を大切にしていくほうが、ずっと充実した幸福感が生まれると思います。

今、自分が持っているものを大切にすることが、自分の人生そのものを大切にすることにつながります。

「甘い誘惑」にだまされる人、だまされない人

「甘い誘惑」に、コロッとだまされて痛い目にあった、という経験を持つ人もいるのではないでしょうか。

しかし、「足るを知る」という心がまえを忘れないでいれば、甘い誘惑にだまされることもなくなると思います。

ネパールに、次のような昔話があります。

ヒマラヤのふもとに、ある美しい鳥たちが集団で住んでいました。

その鳥たちには、昔からの言い伝えがありました。

それは、「この土地に住んでいる限り、自分たちは食べ物にも恵まれ、幸せに生きていける。だから、他の土地に移り住もうと思ってはいけない。この土地を出ていったら、ひどい目にあうだろう」というものでした。

ある日、美しい鳥たちが暮らす土地に、一匹のネコがやってきました。

ネコは、スキを見て、鳥に一羽一羽語りかけました。

「あなたは美しい。こんな田舎にいるのは、もったいないほど美しい。私と一緒に他の土地へ移り住みましょう。私と夫婦になりましょう。そうすれば、今よりも、もっと幸せになれます」と、甘い言葉で鳥たちを誘惑していきました。

それまでネコなど見たこともなく、その怖ろしさを知らなかった一羽の鳥は、ネコの甘い誘惑の言葉にそそのかされて、ネコについていきました。そしてネコに食べられてしまいました。しかし、昔からの言い伝えを守り、ネコについていかなかった鳥たちは、その後もずっと幸せに暮らすことができました。

この昔話が教えているのも「足るを知る」ことの大切さであると思います。ネコについていった鳥は、ヒマラヤのもとでの生活に、何か物足りなさを感じていたのでしょう。その心のスキを、ネコに利用されたのです。

人間社会も同じです。足るを知らずに、今の生活に文句ばかり言っている人ほど、他人の甘い誘惑にだまされて、手痛い経験をしやすいといえます。

「過去の出来事」を、前向きに考え直す

「あの時、あんなことをするんじゃなかった」と、いつまでも後悔心を引きずって生きている人がいます。たとえば、次のようにです。

「営業マンにうまいことを言われて、とんでもない金融商品を買わされてしまった。おかげで大損だ。あんなもの買うんじゃなかった」

「もっと勉強しておけば良かった。勉強しておけば、いい大学に入れて、いい就職先も見つかっただろう。今のように苦労はしなくて済んだのに」

「あんな人とつきあうんじゃなかった。私も、あの時は恋人がいなくて寂しい思いをしていたから、ついあの人とつきあう気になってしまったが、今では後悔している」

「後悔してはいけない」とまでは言いません。人間は、神様のような完璧な存在ではないのですから、時には後悔することもあると思います。

しかし、後悔をいつまでも引きずっていくのは問題です。「とんでもない金融商品を買って、大損してしまったのはしょうがない。一生懸命働いて、損を取り戻そう」

「若い頃、勉強を怠けていた分、これから人生や、社会に関する勉強をしよう」

「あの人とつきあい始めたのは、失敗だった。しかし、私はまだ若い。いくらでもやり直せる。早いところ別れて、新しい恋人を探そう」

このように、いったん現状を受け入れて、そこから前向きな気持ちで、再出発していくのが、賢い生き方であると思います。

そうしないと、いつまでも「あんなことをするんじゃなかった」と悔んでいるばかりで、人生は前に進んでいかないでしょう。このように現状を受け入れる時に、大切になってくるのも「足るを知る」という考え方だと思います。

「足るを知る」とは、「自分はバカなことをした」という現実を受け入れることでもあるからです。

それを認識した上で再出発すれば、二度と同じ失敗は繰り返さないでしょう。

「勝負に勝ちたい」ではなく「勝負を楽しむ」のがいい

日本の鎌倉時代の思想家、吉田兼好が『徒然草』という書物の中で、次のようなことを述べています。現代語にして紹介しましょう。

「双六《すごろく》が強い人に、双六に強くなる秘訣を聞いたところ、『勝ちたい、と思わないことだ』と答えていた。『負けない、と思うのがいい』というのである」

当時の「双六」は、今の時代とは多少ルールは異なるようですが、基本的にサイコロを振りながら、人よりも早くゴールに達することを争うゲームです。

ここで吉田兼好は「勝負事に勝つ秘訣」について教えています。

現代社会においても、職場のライバル争い、同業者との争い、恋をめぐる同性同士の争いなど、勝負事がたくさんあります。

また、勝ち負けを決めるスポーツや、趣味の遊びに熱中している人も、日常的に勝負事にいどんでいる、と言っていいでしょう。

そのような勝負に「勝ちたい」と思っている人には、この吉田兼好の話は参考になるのではないでしょうか。

ここで述べられているのは、「勝ちたいと思うな。負けないと思え」ということです。「勝ちたい」と意気込めば、プレッシャーからよけいな力が入り、実力を発揮できない、ということだと思います。

ですから「勝ちたい」という欲望を少なくして、「負けない」というふうに思えば、平常心で実力を発揮できる、ということでしょう。吉田兼好のアドバイスも「足るを知る」という考えに通じるものがあると思います。

ただし私は、さらに「足るを知る」という考え方を進めて、「勝ちたい」とも「負けない」とも思わない、「勝っても負けてもいい。勝負事を楽しめれば、それで満足だ」と考えるようにするほうが、さらにプラスになるのではないかと思います。

そう考えれば、たとえ「負けた」としても嫌な思いは残りません。「楽しんでやれたから、それでいい」と、負けた現実を前向きに受け入れることができるからです。

情報に対しても「足るを知る」生き方を

現代は言うまでもなく情報化社会です。

毎日、テレビ、ラジオ、新聞、インターネット、ケータイ電話、雑誌、広告などから、あふれるほどの情報が押し寄せてきます。

このような情報化社会では、日頃から「情報に振り回されないこと」を心がけておく必要があるように思います。

というのも、よくこのようなケースがあるからです。

あるメディアは「Aは正しい」と言っているが、違うメディアは「Aは間違っている」と言うのです。

また、ある専門家は「これからはBが流行する」と言っているのですが、またある評論家は「もうBの流行は終わった」と言うのです。

このように、まったく正反対の情報、矛盾する情報、対立する情報が、様々なところから発信されてきます。ですから、情報の受け手としては頭が混乱して、何を信じていいのかわからなくなります。

また、心に迷いが生じて、判断力がにぶる、という現象に陥ってしまうのです。

このように情報に振り回されて、「いったい自分は、どう行動すればいいのかわからない」といった状況に陥らないためにも、大切になるのは「足るを知る」ということをモットーにすることだと思います。

あまり多くの情報を集めすぎるのではなく、ほどほどの量の情報で「足るを知る」ということを心がけることが大切になると思います。

人は、ともすると、「たくさんの情報があればあるほど、正しい判断ができる」「情報を多く持つほうが、情報が少ないよりも有利だ」と考えがちです。

しかし、実際はそうではないようにも思います。

情報がないのも困りますが、情報がありすぎると、かえって混乱を招くのです。

ですから、ほどほどの量の情報で「足るを知る」のがいいと思います。

低成長時代だからこそ、「知足」で生きる

江戸時代に、長生きする方法、精神的な安らぎを得る方法などについて、多くの著作物を残した学者に、貝原益軒《かいばらえきけん》という、有名な人物がいます。

この貝原益軒の『楽訓』という書物の中に、やはり「知足安分」を心がけることの大切を説いた文章があります。

現代語に訳して紹介しておきましょう。

「自分自身が、生まれ持っている能力や才能に満足し、それを超えた、身のほど知らずの振る舞いをしないように注意して暮らしている人は、じつは少数だ。多くの人たちが、自分の能力や才能を超えた、身のほど知らずのことをしたがっている。しかし、その結果、みずから楽しい生活を失ってしまう。『足るを知る』ということを、つねに心がけていなければならない。『足るを知る』ことを心がければ、貧しい者であろうと、富める者であろうとも、楽しく生きていける。『足るを知らない』でいれば、

どんなに金持ちになろうとも、人生を楽しむことはできない」

貝原益軒が生きていた時代は、現代の日本と、とてもよく似ています。

江戸初期の、高度経済成長期が終わり、停滞感が漂っていた時代でした。

人々の心には、「どんなにがんばっても、もう立身出世は望めない」という気持ちがありました。

その状況は、現代とよく似ているのです。

高度経済成長も、バブルも遠い昔の話となって、現代にも停滞感が漂っています。

「何をやっても、どんなにがんばっても、しょせんタカが知れている」という、あきらめにも似た気持ちが、人々の心の中にあります。

この現代のような時代にも、必要となるのは貝原益軒や、あるいは仏教が教える「少欲知足」「知足安分」という心がまえではないでしょうか。

あまり大それたことを願うのではなく、「今の自分」を見直して、しっかりと、着実に生きていきましょう。それが「少欲知足」「知足安分」の教えに沿った生き方であり、現代という時代を、賢く、楽しく、生き抜いていく秘訣になると思います。

【第3章のまとめ】

◎夢を「遠く」に求めない。

◎日常生活の中に「喜び」を探す。

◎他人と自分を比較しない。

◎過去を、前向きにとらえ直す。

◎必要以上の情報を求めない。

第4章

人にやさしくすると救われる

お金は「手元に持っている」よりも「施す」ほうが安心できる

貯蓄が増えていくのは、誰にとっても喜ばしいことだと思います。

しかし、貯蓄が増えれば増えるほど、人は心配のタネも増えていくようです。

「苦労してためたお金を、誰かに奪われてしまうのではないか」という心配です。

その心配のために「夜も眠れない。ノイローゼになりそうだ」と訴える人も、実際にいるそうです。

そのような人のために、インドに伝わる、こんな昔話を紹介しておきましょう。

昔、大金持ちの商人がいました。

その商人は、お金を貯めることだけが、人生の唯一の楽しみでした。

しかし、この商人は、貯めたお金をどこに保管するかで、毎日思い悩んでいました。

家の中で、頑丈な金庫に入れておいても、いつドロボウに盗まれるかと心配でしょうがありません。地中深くに埋めてしまうことも考えましたが、モグラやネズミに持っていってしまわれないかと、やはり心配でしょうがありません。

山の奥に隠そうと思いましたが、キツネやタヌキに奪われてしまうのではないかと、心配になってきます。

名案がまったく思い浮かばずに、夜も眠れない有様になってしまいました。

その商人が、ある日、町を歩いている時でした。ある寺院の前に置いてある大きな箱の中に、大勢の人がお金を投げ入れているのを見ました。

その商人は、「せっかく貯めたお金を捨ててしまうなんて、なんてもったいないことをするんだろう」と思い、近くにいた人に「どうして、そんなことをするのか」と尋ねました。その人は、「私は施しをしているのです。施しをすると、心が安らぎに満ちるのです」と言いました。

その商人は、だまされたつもりで、自分のお金を施しに使ってみました。すると本当に、心が安らぎに満ちてくるのを実感しました。

それ以来、その商人は、生活に必要な分だけのお金を残し、あまった分は、人のため、世のために施すようにしたのです。

儲かって「余ったお金」は寄付してみる

今、世界で、経済的にもっとも繁栄しているのは、アメリカでしょう。

消費金額がもっとも多いのもアメリカですし、世界的な大企業の多くはアメリカにあります。雑誌で発表される長者番付を見ると、上位はほとんどアメリカ人によって占められています。

そんな状況から、「アメリカ人は、自分が利益を得ることしか考えていない。お金儲けが上手だ」という印象を持っている人が多いかもしれません。

確かに、そのような一面もあるのかもしれません。

とにかくナンバー・ワンを目指す、ナンバー・ワンにいなければ気がすまない、というのはアメリカ人の国民性だ、という人もいます。

しかし、アメリカは同時に、寄付金額がトータルで世界でもっとも多い国でもあるのです。

アメリカ人は、一生懸命になってお金儲けをしますが、儲かったお金を「貯めこむ」ことはしないのです。アメリカ人は、儲けて得たお金は積極的に、ボランティア団体や、恵まれない人のための施設に寄付するのです。

言い換えれば、寄付行為をすることによって、アメリカ人は「心の安らぎ」を得ているのかもしれません。

日本人も、よく働きます。お金を儲けもします。お金持ちもたくさんいます。しかし、アメリカ人のように、寄付行為に積極的な国民性ではないようにも思います。

儲かったお金の中から、あまった分のお金を寄付する習慣を多くの人たちが持つようになると、心が安らぐようになると思います。

これも「足るを知る」という精神の実践になると思います。

「寄付する」という行為が、その人の心に安らぎをもたらし、「いいことをするために、もっとがんばろう」という意欲をもたらしてくれるのです。

貧しくても「人のためを思う」人が、幸福を得られる

インドに伝わる、昔話を紹介しましょう。

大きな川の近くに、ある貧しい男が住んでいました。彼にはお金も、お金を得るための仕事もありませんでした。そこで彼は、河原で流木を拾い集めてくると、それを売ってわずかばかりのお金を得て、それで食べ物を買って暮らしていました。

ある日、大雨が降りました。雨が降っても川へ流木を拾い集めにいかなければ、食べ物を得ることができませんから、彼は川へ行きました。

川は大雨で水かさを増していました。しかし彼は河原へ降りていきました。

いつものように流木を拾い集めていましたが、足を滑らせて川の流れに落ちてしまいました。気がつくと、彼は河原に寝ていました。川のだいぶ下流へ流されてしまった様子でした。

彼は空腹を感じました。丸一日気を失ったままでいたのでしょう。その間、何も食

べていなかったのです。幸運にも、懐《ふところ》にわずかなお金が残っていました。彼は近くの村へ行き、食べ物を買い求めました。

その食べ物を口に入れようとした時、近くにいた修行僧が、「私はもう何日も、ものを食べていません。その食べ物を施してくれませんか」と、彼に頼んできました。

彼もお腹が空いていたのですが、その修行僧をかわいそうに思い、食べ物を上げました。修行僧は食べ物を受け取ると、体が浮き上がって、みるみる空へと飛び上がっていきました。

その修行僧は、神様だったのです。神様は、お礼として、その男を貧しさから救い出し、永遠の幸せな生活を与えたのです。

この話は、「貧しいからといって、自分の利益ばかり追い求めている人間は救われない。貧しくても、他人のためを思う心があれば、その貧しさから救われる。永遠の幸福を得られる」ということを教えてくれているのでしょう。

この話もまた「足るを知る」という考えに通じるものがあるように思います。

人にやさしくすると、自分が救われる

「自分のことで精一杯で、他人のことなど考えている余裕はない」

「助けてもらいたいのは、私のほうだ。人のことなんて二の次だ」

「人のために使うお金なんてない。そんなに金持ちじゃないんだから」

そんなことを言う人がいます。

たしかに、それだけ「忙しい」「逆境にある」「お金が足りない」というような状況にあるのでしょう。しかし、そのように自分のことだけを考え、自分のためだけに行動している限り、「忙しい」「逆境にある」「お金が足りない」状況からは抜け出せないのかもしれません。

本当の意味で「やさしい心」を持った人は、自分のやるべきことに忙しくても、つらい状況にあっても、どんなに貧しくても、いつも「人のためを思う心」を失わないでいるのです。

そして、じつは、どのような状況にあろうとも、人のためを思う心の広さ、温かさを持っている人が、「忙しい」「逆境にある」「お金が足りない」状況から抜け出せるのです。


前項の「貧しい男の話」は、そのことを教えてくれているように思います。

前に、お金儲けをしたらあまった分は人のために施すことをお勧めしました。

ただし、これは「自分は儲かってないから、人のために何もしなくていい」と言う理屈にはならないと思います。

たとえ儲かっていなくても、それはそれで「足るを知る」という精神を発揮して、人のためを思う気持ちだけは持ってほしいと思います。

それは「お金」という形でなくてもいいのです。

困っている人のために力を貸してあげたり、つらい思いをしている人の話を聞いてあげる、ということでもいいでしょう。

人にやさしくしてあげることが、自分が救われる道を開いてくれるでしょう。

「無財の七施」を、日々の日課とする

仏教に「無財の七施《ななせ》」という言葉があります。

「無財」とは、「財産がないこと」の意味です。

「七施」の「施」とは、「施《ほどこ》し」ということです。

「施し」とは、わかりやすく言えば、「人に喜びを与える行為」というふうに理解できるでしょう。


言葉全体の意味としては、「財産がない人であっても、他人に喜びを与える七つの方法がある」となります。

「七施」とは、具体的には、次のような行為になります。

＊眼施《げんせ》
＊和顔悦色施《わがんえつじきせ》

＊言辞施《ごんじせ》
＊身施《しんせ》
＊心施《しんせ》
＊床座施《しょうざせ》
＊房舎施《ぼうしゃせ》

この「七つの施し」を、日々の生活の中で実践していくことは、「足るを知る」という生活スタイルにも通じるものだと思います。

また、この「七つの施し」を実践することは、人間関係を円満にし、自分自身の心も安らぎに満ちたものにしてくれるでしょう。

また、「無財の」とあるように、お金に余裕がなくてもできる善行です。

仏教に知識がない人であっても簡単にできます。

「無財の七施」を実践していくことで、人も自分も幸せになっていくのです。

目と、顔の表情に「足るを知る」気持ちを表してみる

「眼施《げんせ》」とは、「やさしい目をすること」です。

人に話しかける時、人の話を聞く時、満ち足りた心が相手に伝わるような、やさしい目をすることです。

やさしい眼差しを向けることで、相手の心も安らぎます。

自分の心に「満ち足りない気持ち」があると、目つきがイヤらしくなります。もの欲しそうな目になります。

そういった目の表情は、相手に不安感を与える結果になるでしょう。

相手のしてくれること、相手の努力、相手の言葉に対しても、「それで十分に満足です」という、喜びにあふれた表情を目に表すようにしましょう。

そのように「足るを知る」気持ちの表れた、やさしい目は、相手をもうれしい気持ちにすることでしょう。

「和顔悦色施《わがんえつじきせ》」とは、「なごんだ表情を、顔全体ですること。喜びの表情を顔に表すこと」です。

相手に対して、「あなたに不平不満など持っていません。今のあなたが大好きです。今のあなたとのつきあいに、十分に満足しています」という気持ちを、顔全体の表情で表すようにするのです。

そうすることで、相手の心もなごんでくるでしょう。

また、相手と一緒にいる時には、「あなたと一緒にいれて、うれしいです」という表情を表しましょう。

そうすれば相手も、こちらと一緒にいることが、うれしくなってくるでしょう。

お互いの気持ちが通じあい、人間関係も親密なものになっていきます。

仏教では、このように、目や顔の表情だけでも「施し」になる、と教えます。

それらも立派な「人に喜びを与える行為」になるというのです。

「施し」という行為を、あまりむずかしく考える必要はありません。

人への思いを「言葉」「行為」「心づかい」によって示す

「言辞施《ごんじせ》」とは、「思いやりのある言葉で語りかけること」です。

「足るを知らない」人の言葉には、思いやりというものがありません。

満ち足りない気持ちが、不満、不平、怒りといった言葉になってしまうのです。

「どうしてあなたは稼ぎが少ないのよ。もっとがんばって収入を増やしてよ」

「どうして、そんなことをするんだ。よけいなことをするな」

一方で、「足るを知る」人の言葉は思いやりに満ちています。

「お給料を持ってきてありがとう。体に気をつけて、がんばってね」

「いつも努力してもらって、ありがとう。感謝しています」

「足るを知る」人は、そのような言葉で、感謝の気持ちを表すのを忘れません。

「身施《しんせ》」とは、力を貸してあげることです。身体を使って、人のためになることをしてあげることです。

恵まれない人のためにボランティア活動で汗を流したり、友だちのやっていることを手伝ってあげたり、お年寄りの荷物を持ってあげたりする行為です。

欲の塊《かたまり》のような人、自分さえ良ければいいという考えの人には、このような「身施」をすることなど思い浮かばないでしょう。

「足るを知る」ことを心がけているからこそ、自分のことはさておいて「人のために力になってあげたい」と思うものだと思います。

「心施《しんせ》」とは、「心づかい」。やさしさ。相手の立場になって、ものを考えてあげることです。

「足るを知らない」人は、言いかえれば、自分のことしか考えていない人です。

自分の利益、自分の都合、自分の欲望を果たすことしか頭にないので、人の立場になってものを考えることなどできません。

人への心づかいや、やさしさといったものは、やはり「足るを知る」ことによって生まれる気持ちなのでしょう。

「道に迷っている人に道案内をしてあげる」のも、立派なお布施

「床座施《しょうざせ》」とは、本来は「座るところを提供してあげること」です。

たとえば、地位を譲ることなどは、この「床座施」という仏教の教えの実践であると言っていいでしょう。また、現代的な意味で言えば、電車の中で、お年寄に席を譲ってあげる行為もそれに含まれるでしょう。

若い人は「足るを知る」という精神を持ち、「電車に乗っていけるだけで、自分は十分満足だ。座席に座るなんて、ぜいたくだ」という意識を持ち、お年寄を見かけた時には積極的に席を譲ってあげてほしいと思います。

「房舎施《ぼうしゃせ》」の本来の意味は「旅人に宿泊できる場所を提供してあげること」です。

日本の四国では、遍路《へんろ》が今も盛んに行われています。

遍路とは、平安時代の僧侶、弘法大師空海（真言宗の開祖）にゆかりのある八十八か所のお寺を巡礼して回る行為です。

その巡礼道の途中には、旅する人たちを無料で泊める民間の施設がたくさんあると言いますが、それはこの「房舎施」という仏教の教えの実践なのでしょう。

一般の生活に即して言えば、たとえば外国からの留学生をホームステイさせてあげることなども、「房舎施」の実践と言えるのではないでしょうか。

また、たとえ「泊めてあげる」ことをしなくても、街角で道に迷っている人を見掛けた時、声をかけて道案内をしてあげるといった行為も、「房舎施」という教えに通じる行為になるのではないかと思います。

このような親切心も、その根底には「足るを知る」という精神があると思います。「自分は、おかげ様で十分幸せだ。今の生活に満足だ」という気持ちがあるからこそ、「人のために何かしてあげたい」という気持ちが生まれるのです。

ここまで見てきたような「無財の七施《ななせ》」を、日々の生活の中で実践していけば、人に喜びを与えるのみならず、自分自身の心の中にも「人間として生きていくのは、いいものだ」という大きな喜びが生まれてくるでしょう。

「金は天下の回りもの」と心得ておく

ドイツの哲学者、ショーペンハウアーは、このような言葉を残しています。

「お金は、海の水と似ている。（塩からいので）飲めば飲むほど、喉が渇いて、もっと飲みたくなる」というのです。

まさに人間の「金銭欲」の実態を、鋭く言い表した言葉だと思います。

人には、「今月は一〇〇万円儲かった。来月は二〇〇万円を儲けたい。そうすれば今月の二倍、幸せになれる」という思いが根強くあります。

儲けるお金の金額と幸福感は、比例して大きくなっていくと考えます。

しかし実際には、二〇〇万円儲かったとしても、それほどの幸福感、満足感は得られません。

そこで今度は、「二〇〇万円では足りなかった。三〇〇万円儲けたい」と考えます。

しかし運よく、三〇〇万円儲かったとしても、やはり心は満たされないのです。

そこで四〇〇万円儲けたい、五〇〇〇万円儲けたいと、儲ければ儲けるほどお金への欲望が膨らんでいきます。

まさに、「飲めば飲むほど、喉が渇いて、もっと飲みたくなる」状態になっていきます。精神的には、いつまでたっても「満たされない」状態です。

安らぎと、幸福感に満たされた生き方をするためには、この欲望の悪循環を断ち切ることが必要だと思います。

それは「足るを知る」という気持ちをもって、「一〇〇万円儲かっただけでも、十分満足だ。それ以上のお金を望んだら、バチが当たる」と考えることだと思います。

「金は天下の回りもの」という諺もあります。「お金は世の中を循環しているのだから、欲をかかなくても、まじめに、怠けずに生きていれば、幸せに生活していけるだけのお金は、むこうからやって来る」という意味にもとれます。

この諺のように考えて、あまりあくせくせずに生きていきましょう。

のんきな考え方のように思われるかもしれませんが、「のんきに考える」ことも、幸せに生きていくための大切なコツであると思います。

「ウサギとカメ」のカメは、本当の勝者なのか？

こんな話を聞いたことがあります。

ある母親が、子供に『ウサギとカメ』の話をしてあげたそうです。

「ウサギが油断して昼寝をしている間に、後から追いついたカメが先に行って、足の速いウサギよりも先にゴールする」という話です。

この話には、「すぐれた能力のある者に限って、よく怠けてしまう。怠けてしまったら、せっかく能力があっても、他者に勝つことができない」、逆に「能力のない者であっても、コツコツ努力を続けていけば、能力ある者に勝つことができる」といった教訓が含まれています。

しかしその子供は、母親の『ウサギとカメ』の話を聞きながら、どうしても納得できないといった顔をして、

「昼寝をしていたウサギさんを放っておいて、自分だけ先に行ってしまうなんて、カ

メさんは、意地悪だ。ぼくだったら、昼寝をしていたウサギさんを起こしてあげて、一緒にゴールする。どうしてそうしちゃいけないの」と、問い返してきたというのです。

この子供の発想の仕方には、とてもユニークなものがあると思います。

また「足るを知る」という考え方にも即しているものではないかと思います。

この子供が言う通り、「ウサギを起こして、一緒にゴールする」ことができれば、ウサギもカメも幸せな気持ちになれたでしょう。いい友だちになれ、今後は何事にも協力しあって、仲良く暮らせていけたでしょう。

現代社会は、言うまでもなく競争社会です。誰もが「人に勝ちたい」という意識を強く持っています。そのために日々、ライバルと闘っています。

しかし、今自分に与えられた仕事に満足し、「人に勝つ」という意識を捨て、必要以上の名誉を求めず、人と助け合って協力していくほうが、より大きなことを成し遂げることができるのではないでしょうか。

割り切れない分を、人に施す

こんな話を聞いたことがあります。

小学校の算数の授業で、先生からこんな質問があったそうです。

「ここにドーナツが四つあります。これを三人で分けると、一人何個食べられるでしょう」

先に答えを言ってしまいますが、答えは「一個と三分の一」です。

これは分数の授業での質問なのです。

しかし、一人の生徒が、「一人、一個です」と答えました。

これは分数の質問から言えば、間違った答えです。

しかし、先生はすぐに間違いを指摘することなく、

「一人、一個ずつ分けると、一つドーナツが余ってしまいますね。余った一つは、どうするんですか」と問い返しました。するとその生徒は、

「余った一個は、他の食べたい人にあげます」と答えたそうです。

すばらしい答えではないかと思います。

確かに、分数を習う質問の答えとしては間違っているのでしょう。しかし、「人生論」を問う質問であったなら、大正解と言えるのではないでしょうか。

これは「足るを知る」考え方にも通じる答えであるからです。

この生徒はまさに、一人一個ずつドーナツを食べることに足るを知り、余った分は「人の喜びのために施す」と答えているのです。

ドーナツを一個食べ、さらに残りの三分の一も食べたいと思うのは「人の心の欲」なのでしょう。

そんな欲が心の中に忍びこんでこないように、注意しておきましょう。

たとえば、商売で成功した時、利益は自分たちで分け、もし余った利益が出た時は、それを世の中のために還元すべきなのでしょう。

そのような生き方を、この生徒の答えは教えてくれています。

【第４章のまとめ】

◎余ったお金を寄付する。

◎人の幸福を、自分の幸福にする。

◎お金のかからない施しを行う。

◎お金のことで、あくせくしない。

◎争うよりも、助けあう。

第5章

求めすぎないから求められる

今日できることを、精一杯やりとげる

「今日あるものは、明日も同じように存在していると思ってはいけない」

これは、禅宗の一つである曹洞宗《そうとうしゅう》の開祖、道元《どうげん》が述べたとされる言葉を、私なりに現代語訳したものです。

現代の会社にたとえると、

「今日、会社に行けば、そこには自分のデスクがあり、自分がやるべき仕事がある。しかし明日も同じように、会社があり、そこには自分のデスクがあり、自分のやるべき仕事がある、と考えてはいけない」とも言えるでしょう。

世の中は、何が起こるかわかりません。

一寸先は、闇の世界です。

会社が、ある日突然、倒産してしまうことになるかもしれません。

突然の人事異動で、まったく経験のない仕事を担当させられることになるかもしれません。

会社や仕事に限らず、すべてのものや人に関して、「明日も同じように存在していると思ってはいけない」のではないでしょうか。

しかし、この道元は、人の心に不安感を植えつけるために、このような言葉を語ったのではありません。

この言葉で道元が教えたかったのは、「だからこそ今日一日を、思い残すことなく、精一杯生きなければならない」ということだったと思います。

そして、また、この道元の言葉も、「足るを知る」という考え方にも相通じるものがあると思います。

なぜなら「足るを知る」とは、「今日やるべきことに文句を言うのではなく、それに満足して、がんばっていく」という考え方でもあるからです。

今日やるべきことに満足し、精一杯がんばっていれば、たとえ明日、頼りにしている会社や人がいなくなっても、あわてふためくことはないと思います。

欲に目がくらむと「幻《まぼろし》」を追い求めるようになる

欲望に目がくらむと、正しい目的を見失って、人は幻を追い求めるようになってしまうようです。仏教に、このような説話があります。

木こりの親子がいました。ある日、親子で森の中に入っていくと、金色に輝く泉がありました。その泉を見て、子供の木こりは、「この泉には金が埋《う》まっている」と思いました。そして「金を掘り当てることができれば、大金持ちになれる。木こりなんていう、苦労の多い仕事をする必要はない」と考えて、泉の底を掘り始めました。

子供は父親にも「一緒に手伝ってくれ」と言いましたが、「私には金など必要ない。まじめに木こりの仕事に精を出すのが、私の務めだ」と言って、家に帰ってしまいました。

その日、子供は家に帰りませんでした。次の日も次の日も、子供は家に帰ってきませんでした。

父親が心配して、森の中の泉へ行ってみました。すると子供はまだ泉を掘り返していました。父親は、家に帰るように説得しましたが、子供は「金を掘り当てるまで、あきらめない」と言って、父親の言うことを聞き入れませんでした。

説得をあきらめて、父親が家に帰る途中で、父親は、山が金色に輝いているのを発見しました。山に登っていくと、それは金山でした。

泉はその金山の金の反射を受けて、金色に輝いていたのです。

この物語では、木こりの子供は、まさに欲望に目がくらんで、「幻」を追い求めてしまったのでしょう。「金色に輝く泉」は、まさに「幻」です。それは金山の金色を反射していただけなのですから、いくら掘り返しても、底からは金は出てきません。

一方、父親は「木こりという仕事」「木こりとしての生活」に満足して暮らしていました。ですから子供のように、欲望に惑わされて、自分を見失うことはなかったのです。また、父親は「足るを知る」精神の持ち主だったので、金山を掘り起こすこともありませんでした。

「足るを知る」で生きている人が「真の金山」を見つける

前項の「金色の泉をいつまでも掘り返す、木こりの子供」のように、欲望にとりつかれたために「幻」を追い求めている人が、現代の世の中にも少なくないのではないでしょうか。

たとえば、リスクの多い事業に手を出して、失敗ばかり繰り返している人がいます。より良い待遇を求めて、何度も転職を繰り返す人もいます。恋人をコロコロと取り替える人もいます。

このように、自分に与えられた運命や義務をまじめにこなしていくことができず、いつまでも腰が定まらず、幻を追い求めている人も、仏教説話に登場する「木こりの子供」と同じではないでしょうか。

「この仕事に成功すれば、大金持ちになれる」

「転職すれば、夢のような生活が待っているのではないか」

「別の恋人のほうがお金を持っていそうだ。あの人と暮らすほうが、もっとゴージャスな生活ができそうだ」

と、欲望に目がくらんで「幻」を追い求めているにすぎないのでしょう。

その証拠に、そのような人たちが「キラキラ輝く幸福」を実際に手にできることは、ほとんどありません。

仏教説話に登場する「木こりの父親」のように「足るを知る」気持ちを大切にして、自分に与えられた使命をコツコツ続けていく生き方の方が幸せをつかめると思います。

「幻」ではなく、「現実的な幸福」を追い求めていくことが大切です。

「幻」にだまされて、道を踏み外すことがないようにするためには、「足るを知る」という考えを忘れないことだと思います

「足るを知る」という心がまえで、まじめに自分の務めをはたしていく人が、いつまでも幸せに生きていけると思います。

求めすぎないから、求めるものが得られる

「あくせくと、ストレスを溜めながら働くのではなく、できれば、もっと安らぎに満ちた気持ちで、楽しく働いていきたい」と願っている人が、数多くいるのではないかと思います。

「楽しく働く」ためのヒントも、「足るを知る」という考え方にあるようです。

多くの人たちが、今、「もっと出世をしたい」「もっと給料をあげたい」「もっと称賛されたい」といったように、欲張りになりすぎているのではないかと思います。

この「もっと、もっと」という必要以上に欲張った考えにとらわれすぎているために、あくせくとした働き方になっているのではないかと思います。

そうすると、よけいなストレスを溜めこむ結果になってしまいます。

「生活を向上させたい」「自分の可能性にチャレンジしたい」と思うことは、とても大切なことです。

しかし、そのためにストレスだらけの働き方になっていくと「働く喜び」を見失っていきます。また、ストレスから心身の健康を害してしまう人もいます。

ですから、出世や収入に、必要以上に強くこだわらないほうがいいと思います。「今の収入、地位、仕事に満足する」ということを心がけるようにしてみましょう。それ以上の大それたことを望まず、現状に満足感をもって働いていくようにしましょう。

そうすることで「働くことが楽しくなっていく」のです。

そして、「楽しく働く」結果として、気持ちが充実し、よりいい仕事ができます。仕事の成果もあがっていきます。

結果的に、地位も収入もアップしていくのです。

矛盾しているように聞こえるかもしれませんが、「求めすぎない人が、求めるものを得られる。求めすぎる人は、かえって求めるものが得られない」というのが、人生の真理なのです。

予定の立て方も「足るを知る」

ある心理学者の報告によると、「手帳の予定欄を、分刻みのスケジュールでいっぱいに埋め尽くすことが好きな人」がいるそうです。

実際には、それほど忙しい生活をする必要はないのです。

にもかかわらず、みずから「よけいな予定」を次々と入れていきます。

そのような人はいわば「忙しいふりをしている」のにすぎません。

心理学者たちが言うには、このタイプの人たちは、「暇《ひま》にしている自分」に、ある種のコンプレックスを感じてしまう傾向が強いようです。

「暇な自分」＝「知り合いが少ない、寂しい自分」「やることがない、ダメな自分」「誰からも必要とされない、愚かな自分」「趣味や好奇心のない、つまらない自分」という構図ができ上がっているのです。

一方、「忙しい自分」＝「知り合いが多い、社交的な自分」「やるべきことがたくさんある、有能な自分」「たくさんの人から頼りにされている、賢い自分」「趣味や好奇心が豊かな、ポジティブな自分」という意識があります。

そのような「忙しい自分」になることが、このタイプの人たちにとっては、とても誇らしいことなのです。ですから、会う必要もない友人に会う予定を入れ、呼ばれてもいないパーティに顔を出す予定を入れ、特別興味もない芝居を見に行く予定を入れます。

そうやって手帳の予定欄をスケジュールでいっぱいにして「忙しい自分」を演じることが、このタイプの人にとっては誇らしいことなのです。

しかし、これは「自己満足」にすぎないのではいでしょうか。

しかし、そういう暮らし方をしていると、肉体的、精神的な疲労感が増していくばかりで、どこかで「生きていくのが、むなしい」といった感情に襲われることになるのではないかと心配です。

このタイプの人にとっても、「足るを知る」という生き方が必要なのではないでしょうか。

「ゆとりある生活」だからこそ、こんな幸福感が実感できる

手帳の予定欄に「よけいなスケジュール」をどんどん入れていくよりも、手帳の予定欄から「よけいなスケジュール」をどんどん削除していくほうが、幸せで充実感のある生活が実現できるのではないでしょうか。

手帳の予定欄にぎっしりいっぱいに分刻みのスケジュールを書きこむよりも、手帳の予定欄にたくさんの空白を作っておくほうが、安らぎに満ちた生活を送れるように思います。

けっして「忙しい生活」＝「幸せな生活」ではないと思います。

むしろ「ゆとりのある生活」＝「幸せな生活」ではないでしょうか。

ここで「ゆとりのある生活」のメリットを確認しておきたいと思います。

＊ 誰かから強いられるのではなく、自分の生活をみずから作りあげていける。

＊自分らしい生活、自分らしい楽しみ、自分ならではの喜びを実現できる。
＊一つの物事について、時間をかけて深く考えていくことができる。
＊家族や友人たちと、心の通うつきあいができる。
＊自然の美しさに心を和ませることができる。
＊散歩やスポーツ、また趣味活動を十分に楽しめる。

以上のような点は「分刻みのスケジュールに追われている多忙な人」には、なかなかできないことだと思います。

社会的な立場から否応なく、そのような「多忙な生活」をしなければならない、という人もいると思います。

しかし、その必要がないのにもかかわらず、「忙しいふり」をしたいという理由で、みずから「よけいなスケジュール」を作り出すことはないと思います。

スケジュールについても「足るを知る」ということをモットーにして暮らしていくほうが、より幸福感を実感できるのではないでしょうか。

それは、「ほどほどの忙しさに満足する」という生き方です。

「ギチギチの予定」を組むと、ゆとりがなくなる

前項から続けて、「足るを知る」ことによって「ゆとりのある生活」を実現するコツついて述べていきましょう。

ある要件が終わってから、次の要件に移る時の間に「三〇分程度の時間的なゆとり」を作っておくようにしておくのがいいと思います。

たとえば次のようなケースは、「悪いスケジュールを立て方」の典型的な例になるように思います。

ある日の午後のスケジュールです。

①出張先から飛行機で戻り、「午後二時」に帰社。
②「二時から三時」まで、部署でのミーティング。
③「三時から五時」まで、役員との会議。
④「五時」に取引先のAさんが打ち合わせのため来社予定。

一つの予定が終わってから、次の予定へ移る際の、時間的な余裕がまったくないのです。

もし飛行機が一〇分ほど遅れてしまったら、どうなるでしょうか？

もし役員との会議が一〇分ほど延びてしまったら、どうなるでしょう？

その後のスケジュールが狂っていってしまうでしょう。

「早くしないとミーティングに遅れてしまう」「取引先のAさんを待たせてしまって、申し訳ない」と気持ちもあせります。

あせったことが原因で、ふだんならしないような失敗をして、ますますその後のスケジュールを狂わせる結果にもなるかもしれません。


ですから要件と要件の間に「三〇分程度の時間的なゆとり」を取っておくことが大切になります。時間的なゆとりを作らず、ギチギチのスケジュールを組んでしまうのは、言ってみれば「たくさん仕事をこなしたい」ということではないでしょうか。

仕事に対するゆとりを持つためにも「足るを知る」ことを心がけましょう。

仕事を増やしすぎると、後で痛い目にあう

仕事を「増やす」ことばかり考えている人がいます。

そのような人は、仕事が増えれば増えるほど、うれしいと考えているのでしょう。

仕事が増えると自分が「頼りにされている、能力がある人」に思えてくるのでしょう。

とくに自由業、自営業者には、そのように考える人が多いように思います。

しかし、これも一種の「欲」ではないかと思います。

人間、欲をかき過ぎると、必ず手痛いシッペ返しにあうようです。

ある人気イラストレーターの話をしましょう。

彼は実力があったため、一時期、仕事をどんどん増やしていきました。

自営業ですから、仕事が増えれば、それだけ収入も増えます。同業の仲間にも自慢

ができます。また、たくさんの仕事を抱えて、忙しくしていること自体、「自分は人気イラストレーターだ」という自負心が満たされるのです。

ですから、どんどん仕事を増やしていきました。その結果、毎晩のように徹夜をしても仕事を片づけられないほど、忙しくなってしまい、まともに食事を取る暇も、ゆっくりお風呂に入る時間さえありませんでした。その結果、とうとう彼は、働きすぎがたたって病気になって、入院してしまいました。

請け負っていた仕事は、すべてキャンセルになりました。

サラリーマンなら、自分の代わりに仕事をしてくれる人もいるかもしれませんが、彼の場合、自営業者ですから代わりになってくれる人がいません。

そのためにイラストの仕事を発注していた会社の信用を失って、その後、病気から回復しても、まったく仕事がこなくなってしまいました。

やはり「欲をかかずに生きる」ほうが、人間にとってはいいようです。

ほどほどの仕事で「足るを知る」ことを心がけ、ゆとりをもって生きていくのが、長く活躍していくコツなのだと思います。

「しなくてもいいつきあい」はしない

やるべきことに優先順位をつけることも大切だと思います。

やるべきことが山のようにあると、頭が混乱してしまって、心からゆとりがなくなっていきます。そのために物事を効率的に片づけられなくなり、ますます心からゆとりがなくなっていく原因になるでしょう。

ですから、「これをまず優先して片づけてから、次はこれ」と整理してみましょう。段取りがつくだけで、心にゆとりが生まれ、おちついて物事を片づけられるようになるでしょう。

人とのつきあいでは、必要以上に「しなくてもいいつきあい」はしないことにしましょう。

たまには職場の同僚と、仕事が終わってから飲み会に参加することも、コミュニケーションをはかる上で大切かもしれませんが、「毎日のようにつきあう」必要はありません。

つきあいについても大切なのは「足るを知る」ということだと思います。

人との付き合いはほどほどにして、ふだんは、趣味や勉強で自分の時間を作るほうがいいのではないでしょうか。

専業主婦には、「ご近所の人とのつきあい」や「ママさん同士のつきあい」が、心の負担になっているケースもあると聞きます。

毎日、近所の人たちが集まる場所に顔を出さないと、「つきあいの悪い人」だとか、色々な悪い噂を立てられるかもしれないと思えてきて、行きたくない日であっても近所の人たちが集まる場所へ出かけていく人が多いそうです。

しかし、「悪い噂を立てられる」というのは、思いすごしでしょう。

やはり「足るを知る」という意識を持ち、「昨日オシャベリができたから、もう満足だ。今日は行かなくてもいいだろう」と考えられるようにしましょう。

必要のない義務感にとらわれていると、ストレスの多い毎日になってしまいます。

「一度にたくさんのことをやろう」と思わない

いくつものことを同時並行的にやりこなしていくことを好む人がいます。

友人とのランチの際に、友人とのおしゃべりも楽しみながら、右手で手帳を開いて今後の予定をチェックし、左手でケータイ電話のメールを確認している、といった人です。

とくに「自分には人一倍、すぐれた能力が備わっている」「自分は頭がいい。賢い」という自負心を持っている人には、このような「いくつものこと、同時並行的にやりこなしていく」ことを好む人が多いようです。

しかし、このようなライフスタイルは、多少心が慌ただしくなりすぎるのではないでしょうか。知らず知らず、心にイライラした感情、あせり、欲求不満といったものが満ちあふれてきて、心身の健康面から考えても、悪影響があるようにも思われます。

少なくとも、安らぎに満ちた、落ち着いた心からは、遠ざかっていってしまうように思います。

禅では、「一つのことをする時には、その一つのことだけに集中する」という約束事があるそうです。座禅を組む時には、ただひたすら座禅に集中します。掃除をする時には掃除、食事をする時には食事にだけ集中するのです。

そうすることで気持ちが落ち着き、また修行も早く進み、早く悟りも得られると言います。

その意味からは、「同時並行的にものを進める」ことを好む人のほうが、「自分には能力がある。頭がいい」という自負心とは裏腹に、目的をやり遂げるスピードは遅いのかもしれません。したがって、禅の教えの通り、「一つのことに集中する」という生活スタイルをお勧めしたいと思います。

一つのことに集中するのにも、「足るを知る」という考え方が大切になってくると思います。「一つのことをする」ことに満足できないから、他のことをも一緒にしたいと思えてくるのでしょう。

「何もしない時間」を大切にする

ただぼんやりと、夕日が落ちていくのを眺めている。

テレビも消して、部屋の照明も落とし、薄暗い中でボーッとしている。

庭に咲く花を、何も考えずに、見つめている。

このような、いわば「無」の時間を作ることは、人間の生活にとって、とても大切なことではないでしょうか。

というのも「無」とは、けっして「何のためにもならないこと。何の利益にもならないこと」ではないからです。


一九世紀のドイツにニーチェという哲学者がいました。

ニーチェは東洋思想に大きな影響を受けたとも言われていますが、彼には日々大切にしていた習慣があったそうです。それは「散歩」です。

家の近所を、何も考えずに、ブラブラと歩きまわるのです。

意識的に、心を「無の状態」にして歩くのです。

すると突然、「そうだったのか」という哲学的な真理が頭の中にひらめくというのです。ニーチェは、そんなヒラメキを得るために、散歩を好んだと言われています。

一般の人たちにも、そのような経験はあるのではないでしょうか。
＊夕日が落ちていくのを眺めている時に、仕事のアイディアを思いつく。
＊ボーッとしている時に、「今後どうすればいいのか」の答えを思いつく。
＊花を見つめている時に、心を悩ませていた問題が解決する。
そういったことです。

ですから、積極的に心を無にする時間を作り、その「無の時間」を有効活用してほしいと思います。

「何もしないでいること」ことに「足るを知る」ようにしましょう。いわば、ボーとしていることに満足感を得る精神を養ってほしいと思います。

「無」の心境となる時間が、多くのヒラメキや知恵を授《さず》けてくれるでしょう。

【第5章のまとめ】

◎今日を精一杯生きる。

◎「真の幸せ」は何か考える。

◎「忙しさ」を求めない。

◎イヤイヤ人づきあいをしない。

◎何もしない時間を作る。

第6章

欲で人を見ると関係は生まれない

「たくさんの友だち」よりも「一人の親友」を大切にする

こんなことを言う人がいます。

「友だちはたくさんいるが、心を打ち明けて何でも相談できる、親友と呼べるような相手はいない」

「広い人脈はあるが、イザという時に頼りにできるような、信頼できる相手は一人もいない」

このような人たちは、無意識のうちに、「たくさん友だちがいるほうが、友だちが少ないよりも、楽しい」「人脈が広いほうが、人脈が少ないよりも、有利だ」という気持ちがあるのではないでしょうか。

たしかに外見的には、大勢の友だちといつも一緒にワイワイやっている人のほうが、楽しい生活を送っているように見えます。

広い人脈を持っている人のほうが、仕事ができそうにも思えます。

しかし、そうではないようです。

実際には、多くの人たちが「たくさん友だちがいるが、親友はいない」「人脈は広いが、頼りにできる人はない」という悩みを持っています。

そもそも人間関係では「数と質とは比例するものではない」のです。

「数が多ければ、質も高まる」というのは間違いなのでしょう。

むしろ「質を高めるためには、数を少なくする」ほうが賢明ではないでしょうか。

「親友と呼べるような人」「イザという時に頼りにできる人」は、初めから、そう多くは存在していません。

ですから、そのような「親友」「頼りにできる人」が数人見つかったら、友だちや人脈をどんどん増やすよりも、その人たちとの関係を深めることに努力するほうがいいかもしれません。これも「足るを知る」という教えの実践だと思います。

「一人の親友がいること」「一人の頼りにできる人」がいることに満足していると、「いい人間関係」が生まれると思います。そして、そこから人脈が広がることもあります。

「同時に二つの願望を叶えられない」時に「葛藤」が起こる

心理学に「葛藤《かっとう》」という用語があります。

「葛藤」という言葉は、一般的にも使われますが、その語源は「二本の（植物の）ツタが絡みあっている状態」を言います。

では、心理学で言う「葛藤」には、どのような意味があるのでしょうか。

たとえば、「こうしたい」という二つの願望があったとしましょう。

できれば、その二つの願望を同時に実現させたいのです。しかし、現実的には、それは不可能です。とは言え、どちらか一方だけの願望を捨てることもできず、悩み苦しみます。そんな心理状態のことを、心理学では「葛藤」と言います。

前項で、「友だちはたくさんいるが、心を打ち明けて何でも相談できる、親友と呼べるような相手はいない」という悩みを持つ人が多いと言いました。

そんな人の心にも「葛藤」が生じているのではないでしょうか。

その人の心には「たくさんの友だちが欲しい」という願望と、「何でも相談できる親友が欲しい」という二つの願望があると思います。

しかしこの二つの願望を「同時に叶える」のは、とてもむずかしいのです。

たくさんの友だちとつきあうためには、一人の相手とじっくりと、長い時間をかけてつきあう余裕がなくなります。

しかし、何でも相談できる親友を得るためには、一人の相手とじっくりと、長い時間をかけてつきあっていく必要があります。

二つの願望の間に矛盾が生じ、その人の心には「葛藤」が生まれるのです。

そして、この葛藤を解消し、親友を得るために必要となるのが、「足るを知る」という精神です。「友だちは少ないが、自分には、何でも相談できる親友がいる。それで満足だ」という考え方です。

人の人生には、このような「葛藤」が生まれる機会が多くあると思います。「葛藤」を乗り越えるためにも「足るを知る」という考えを覚えておくと便利です。

「足るを知る」と「愛情上手な人」になれる

仏教では、「『こうして欲しい』という願いが満たされないことから、心に苦しみや悩みが生じる」と教えています。

たとえば、「恋人に、もっとやさしくして欲しい」と願います。

しかし恋人が、こちらが願っている通り、やさしくしてくれないと、「あの人は、私をそれほど好きではないのではないか」「他に誰か、好きな人ができたのではないか」といった心配が生じて、毎日苦しい思いをしなければならなくなるのです。

しかし、そのような心配事は、ほとんどの場合、みずから作りあげてしまった妄想《もうそう》なのではないでしょうか。

恋人は、「自分への愛情が冷めてしまった」ことなどありません。

恋人は、「自分よりも、他に誰か好きになってしまった」ということもないのです。

恋人は、以前と変わらず、愛してくれているのです。

にもかかわらず、どんどん心配な妄想が大きくなっていき、心の苦しみも増します。

なぜ恋人の気持ちを正確に理解することができないのかと言えば、「やさしくして欲しい」という願いが強すぎるのだと思います。

願いが強すぎるから、現実とのギャップも大きくなり、そこに妄想や苦しみが生じるのだと思います。


ですから仏教では「少欲《しょうよく》」、つまり「願望を少なくしなさい」と教えます。「プレゼントに百本のバラの花を贈ってもらう」ことを願うのではなく、願望を小さくして「プレゼントに一本のバラの花を贈ってもらう」ことを願うようにするのです。

そして、たとえ「一本のバラ」であっても「知足《ちそく》」、つまり「十分に満足だ。たいへんうれしい」と思うようにすれば、よけいな妄想や苦しみを抱くことはありません。

満ち足りた気持ちで、いつまでも恋人と仲良くやっていけるでしょう。

「知足の心」を持てば、幸せになることができます。

上手な子育ての秘訣は「足るを知る」にある

人は、身近にいれば身近にいる相手ほど、大きな期待を寄せてしまいます。

たとえば子供です。親にとって子供は、もっとも身近な存在だと思いますが、だからこそ「我が子には、天才的なピアニストになってもらいたい」「有名大学の付属小学校に入学し、将来は医者になって欲しい」などと、大きな期待感を寄せます。

しかし、子供が親の期待通りに天才ピアニストや、医者になるのは、ごく稀ではないかと思います。

ほとんどの子供が、親の期待を裏切るのが、現実ではないでしょうか。

その時、親は「どうして我が子はダメなのだろう」と思い悩むことになるでしょう。

いや、苦しい思いをするのは、親ばかりではありません。

子供自身も苦しい思いをするのです。

子供自身にも願望があります。

子供は「作家になりたい」と思っているかもしれません。

ですが、親から「ピアニストになってもらいたい」という願いを押しつけられて、苦しんでいるかもしれないのです。

こうなると、親は子供に自分の願いを裏切られたことで子供に失望する一方、子供は親に自分勝手な願望を押しつけられたことで親を恨むことになります。

その結果、親子関係は最悪になっていくでしょう。

親子仲良く暮らしていくために大切なのも「足るを知る」ことではないかと思います。

親は子供に過剰《かじょう》な期待を寄せてはいけないと思います。

それは子供の自発性や個性を奪ってしまう結果になるからです。

子供が、みずから「こういうことをしたい」と思うことを尊重してあげましょう。

そして、子供がどのように成長していこうとも、それに満足して見守ってあげるようにするのがいいのではないでしょうか。

そうすれば子供と親は、強い信頼感で結ばれると思います。

人の「不義理」は、寛容な気持ちで許してあげる

ある女性から、こんな話を聞いたことがあります。

彼女は女友だちの一人にケータイメールを送ったことがありました。

しかし、すぐに相手から返事がきませんでした。

その日、ずっと返事のメールが来るのを、「まだか、まだか」とイライラしながら待っていたのですが、結局返事はこなかったそうです。

そこで彼女は、「メールが来たら、すぐに返信するのがエチケットだ。なのに、その友だちは返信をくれなかった。彼女は人間関係のエチケットを知らない。あんな人は、もう友だちじゃない」と怒っているのです。

たしかに彼女が言う通り、その友だちには非があるのかもしれません。

しかし、それくらいのことで怒る必要もないと思います。

「それくらいのこと」と言っては申し訳ありませんが、しかし「メールの返事がすぐ

に来ない」ということは、それほど珍しいことではないように思います。
それをいちいち怒っていたら、毎日のように怒っていなければなりません。
また、そのくらいのことで怒って、友だちづきあいをやめていたら、つきあう友だちなどいなくなってしまうのかもしれません。

ですから、そのようなことで、そう目くじらを立てる必要もないでしょう。

そのようなケースでも「足るを知る」という考え方を発揮してみたら、どうでしょうか。

「たぶん友だちなんだから、読んでくれているだろう。自分の気持ちもわかってくれただろう。それだけでも十分満足だ。メールを送って良かった」というふうに考えてみたらどうでしょうか。

初めから返信がくることを、あまり期待しないことです。

「足るを知る」ということを心がけながら、心おだやかに暮らしていくほうが自分自身にとって良いことだと思います。

「足るを知る」で、寛容な心を養う

次のような相手に、思わず「カチンときた」という経験のある人は多いと思います。

＊お中元を贈ったのに、先方からは何の連絡もない。
＊この前おごってあげたのに、今回おごってくれなかった。
＊仕事を手伝ってあげたのに、相手は何の手伝いもしてくれない。

こういう場合、確かに礼儀をわきまえないのは、相手でしょう。
思わず「カチンとくる」というのもわかります。
しかし、怒ってもしょうがないと思います。
怒ると、自分自身の気持ちが乱れます。イライラが止まらなくなります。
ストレスが溜まります。夜、寝つきが悪くなります。
結局、自分自身が「損をする」だけです。
ならば、いくら相手に不義理なことをされたとしても、怒らないでいるほうがいいでしょう。

ブッダが『ダンマパダ』という原始仏典の中で語っている言葉を紹介しておきましょう。私なりに、わかりやすく現代語訳して記しておきます。

「怒らないことによって、怒りという感情に打ち勝ちなさい。良いことをすることで、悪いことに打ち勝ちなさい」

この場合、ブッダが言う「良いこと」とは「怒らないこと」です。「悪いこと」とは「怒ること」です。

ブッダがなぜ「怒ること」を「悪いこと」と言うのかは、先ほど説明した通りです。自分自身の心の平安を乱すから「悪いこと」なのです。

「足るを知る」ということを心がけることによって、自分が相手にやさしい行為をしてあげたことに満足するようになります。

それに対して「相手がどう反応したか」ということについては気にしなくてもよくなります。

他人への要求水準を下げれば、人とうまくつきあえる

「理想が高く、責任感が強いタイプの人」がいます。

このタイプの人たちは、「こうあるべきだ」「でなければならない」という意識で自分自身を縛り、ストレスが多い生活をしがちです。

しかし、「自分自身に」ではなく、「他人に対して欲求水準が高い」人も存在します。

＊上司なのだから、もっとしっかり自分たちをリードしていってほしい。上司とは、頼りがいのある、しっかりした人物であるべきだ。

＊夫なんだから、もっと妻にやさしくしなければならない。仕事のことよりも妻を大切にしなければならない。

他人への欲求水準が高い人は、往々にして、このような考え方にとらわれがちです。

しかし相手も、一人の平凡な人間です。そうそう期待通りの人間にはなれないでしょう。しかし、他人への欲求水準が高い人には、それが許せないのです。

相手への大きな不満不平を溜めていき、そのあげくにケンカとなってしまう場合が多いようです。

自分に対してもそうですが、他人に対しても、「こうあるべきだ」「でなければならない」的な発想はやめましょう。

たとえ相手に欠点があっても、時々失敗することがあっても、そんな「ありのままの相手」を受け入れられるようにしましょう。

そして、そのために大切なのも「足るを知る」という精神です。

完ぺきではないかもしれませんが、「そこそこ頼りがいがある」「ほどほどやさしくしてくれる」ということに満足するのです。

そうすれば相手と仲良くやっていけるでしょう。

「足るを知る」心があるから、すなおに「ありがとう」と言える

何十年も仲良く連れ添うことができる夫婦を調べてみると、お互いに「ありがとう」という言葉を使う回数が多いそうです。

お茶を入れてもらって、「ありがとう」。

知らないことを教えてもらって、「ありがとう」。

また、部下から信頼される上司も、部下に対して「ありがとう」という言葉をよく使う、という話も聞いたことがあります。

部下から企画書や報告書を受け取った時に、「ありがとう」。

仕事の報告を受けた時に、「ありがとう」。

もちろん、部下がいい仕事をしてくれた時にも、「ありがとう」。

これらの事例を見ていくと、「ありがとう」という言葉は、人間関係を円満にし、お互いの信頼関係を強くするためにとても大切な言葉だとわかってきます。

ですから、日常生活の中で、できるだけたくさん「ありがとう」という言葉を使うように心がけておくのがいいでしょう。

「ありがとう」と言えば言うだけ、周りの人たちと仲良く暮らしていけます。

人間関係が円満になれば、自分自身の幸せな気持ちも何倍にもふくらみます。

しかしながら、「ありがとう」という言葉を、「素直に口にできない。ありがとうと言うよりも先に、文句が口に出てしまう」という人もいます。

この人は「足るを知る」心が足りないのでしょう。

確かに相手の親切や努力に対して、「もっとこうしてくれたらいいのに」という不満を感じることもあるかもしれません。

しかし、不完全なものであっても、ひとまずは「足るを知る」心によって、「このくらいで十分だ」と満足してみましょう。

そして、心から「ありがとう」と言ってみましょう。

そうすれば相手は、感謝してもらった喜びから、「次は、あの人の期待にこたえられるようにがんばろう」と、やる気になってくれると思います。

「ありがたい」と思う気持ちから、「ありがとう」という言葉が言える

「ありがとう」という言葉は、「ありがたい」と思う気持ちから生まれます。

心の中で「ありがたい」という思いが強ければ強いほど、心のこもった、感じのいい「ありがとう」という言葉を発することができます。

そして、心のこもった「ありがとう」という言葉は、相手の心をも、あたたかい満足感で一杯にします。その結果、相手はこちらに対しても、「あの人は、いい人だ」という、いい印象を持つことにもなるでしょう。

相手のしてくれたことに、多少の不満があったとしても、これで十分だと考えて、ありがとうと言いましょう。

そうすれば、感謝してもらった喜びから、相手は「次には、もっとこの人の期待にこたえられるように、がんばろう」と、やる気になってくれると思います。

しかし、「心に多少の不満があるのだから、ありがたいと思うことなどできない。

だから、心のこもった言い方で、ありがとうと言うこともできない」と言う人もいるかもしれません。

そのような人は、相手が次にしてくれることを思い描きながら、心の中で「ありがたい」と思うように努力してみたらどうでしょうか。

たとえば職場の部下が、仕事の報告をしてきます。

こちらとすれば、多少の不満があったとしても、「部下は次回、すばらしい仕事をしてくれるだろう」と想像しながら、その「次回の仕事」に対して、心の中で「たいへんありがたい」と思うのです。そうすれば、口に出す「ありがとう」という言葉も、心のこもったものになるでしょう。

実際に部下は、心のこもった「ありがとう」という言葉に、やる気を触発されて、すばらしい仕事をしてくれることになると思います。

「ありがとう」という言葉は、相手にとっても、自分にとっても、人生を好転させる原動力になるのです。

「欲で人を見る」から、いい人間関係が生まれない

ブッダは経典の中で、繰り返し「人格的、道徳的に尊敬できる人とつきあいなさい」と述べています。

人は、つきあう相手から、大きな影響を受けます。

やさしい性格の人とつきあっていれば、自分も心やさしい人間になっていけます。まじめな人とつきあえば、自分も、まじめに生きていく大切さに気づくことができます。人格的、道徳的に尊敬できる人とつきあっていれば、自分も、みんなから尊敬される人物になれるでしょう。

しかし、そのように自分に有益な相手とつきあわずに、かえって自分に悪い影響を与える人とばかりつきあおうとする人たちもいます。

これらの人たちは、「自分にとって、本当の意味で有益な相手は、どのような人物なのか」ということについて思い違いをしているのではないかと思います。

たとえば、このタイプの人たちは、次のように考えるケースが多いようです。

「あの人は、ずるいところがある。平気で人もだます。しかし、お金をいっぱい持っている。どうせつきあうのなら、あのような金持ちとつきあいたい。自分にも利益になることがあるかもしれない」

「あの人は、大きな会社の社長だ。怒りっぽくて、いつもカリカリしていてとても尊敬できる人ではないが、社長とつきあっておけば、自分の利益になるチャンスが生まれるだろう。本当は、つきあいたいタイプではないが、あの社長とは仲良くするほうが得策だ」

といったようにです。

そのために相手の影響を受け、自分自身も「ずるい」「人を平気でだます」「怒りっぽい」「カリカリしている」人柄になってしまうのです。

自分に利益になることにあまり欲張らずに、本当の意味で、自分に良い影響を与えてくれる人とつきあうことが大切です。

「文句を言う」よりも「愛する」ことを優先する

他人へ文句を言う人は、たくさんいます。

誰かの悪口を言う人も、大勢います。

しかし、文句や悪口を言うのは、賢い方法ではないと思います。

いくら相手へ文句を言ったり、誰かの悪口を言っても、自分自身の「満たされない気持ち」が改善されることはないでしょう。

むしろ文句や悪口を言えば言うほど、イライラや不満、怒りといった感情が大きくふくらんでいって、欲求不満が高まるばかりでしょう。

そのために相手との人間関係もいっそう悪化して、新たなトラブルに見舞われる結果になるのではないでしょうか。

一九世紀のドイツの小説家であるトーマス・マンは、このように言っています。

「人の幸福とは、人を愛することにある」

ごく単純な言葉ですが、深い人生の真理がふくまれていると思います。

この言葉を、逆の意味で言いかえると、こうなります。

「人の不幸は、人へ文句を言い、人の悪口を言うことにある」

まさに「文句や悪口では、自分の心は満たされない」ということを、トーマス・マンは述べているのです。

もし満ち足りた気持ちで、幸せに生きていきたいと思うのであれば、相手の欠点を見つけて「文句や悪口を言う」という行動パターンから、次のように切り替えてみましょう。

相手に欠点が見つかったとしても、「あの人には、こんないいところや、すばらしい面もあるではないか」と思い直して、相手の存在を認めてあげましょう。トーマス・マンが言う通り、「愛してあげる」のです。

これも「足るを知る」という考え方の実践になります。

「足るを知る」ことによって、相手の「いいところ、すばらしい面」を愛していくことができれば、自分自身も幸福感に包まれていくことになるでしょう。

幸福は「汚い服を身にまとって」現れる

「足るを知る」ことを心がけている人は、欲から人を見ることはありません。

自分の欲によって正しいものの見方を狂わされることがありませんから、相手の偉大さ、やさしさ、学識の深さ、といったものを、正しく見抜くことができます。

しかし、「足るを知らない」欲張った人は、みずからの欲によって、見方を狂わされ、目の前にいる相手が、どんなに素晴らしい人であっても、それに気づけません。


仏教に、こんな話があります。

ある金持ちの商人がいました。

その商人は、「私はたくさんのお金を得て、ぜいたくな暮らしを手にすることができた。しかしまだ私は物足りない。もっと幸せになりたい」と思っていました。

この商人は、ある日、文殊菩薩《もんじゅぼさつ》が、人に大きな福を与えてくれるという話を聞きました。

商人は、「ぜひ自分も文殊菩薩に会って、多くの福をもらいたい」と思って、ある寺に文殊菩薩を招くための、豪華な部屋を寄進しました。

商人は、その豪華な部屋に文殊菩薩がいつ来てくれるかと待ち望んでいました。

ある日、部屋に汚らしい姿をした老人が座っているのを見つけました。商人は怒って、「ここは、おまえが来るところではない」と、老人を追い出してしまいました。

しかし、じつはその老人こそが文殊菩薩だったのです。

商人は、その後、二度と文殊菩薩にめぐり会うことはできませんでした。

ビジネスパートナーを見つける時も、あるいは結婚相手や、よき友人を探す時、相手を身なりや格好で外見的に判断すると、せっかくのチャンスを逃す結果になりやすいと思います。

欲を持たず、「足るを知る」ことを心がけることによって、相手の人格を正しく判断することができるようになります。

「物事には段取りがある」と理解する

これも仏教にある話です。

昔、インドに、ある商人がいました。

彼はある時、隣の国の金持ちの友人の家に招待されました。

すると、その家は三階建てでした。友人はその商人に、「この三階からの眺めは、すばらしいでしょう。しかし、あなたの家は一階しかない平屋だから、このような眺めを楽しむことはできないでしょう」と自慢しました。

商人は悔しく思いました。また自分も三階建ての家を欲しいという欲に取りつかれました。彼は自分の国へ帰ってきてから、さっそく大工たちを呼び出して、三階建ての家を建てるように命じました。

ある日、彼が建設現場を見に行くと、大工たちは一階の部分を作っている最中でした。すると彼は、「わしは三階を欲しいのだ。一階なんていらない。なぜわしの言う通りにしないのだ」と怒り出し、その大工たちをクビにしてしまいました。

そして、新しく大工を雇って、家の建設を続けさせました。

ある日、彼が様子を見に行くと、大工たちは二階部分を作っているところでした。

それを見て、彼はまた怒り出しました。「わしは三階を欲しいのだ。二階なんていらない。なぜわしの言う通りにしないのだ」と、また、その大工たちをクビにしてしまいました。

これは笑い話でもあるのですが、ある重要な教えも含まれています。

それは、「人は欲の奴隷となると、結論だけを急ぐようになる。そのために怒り、人間関係を悪くする」というものなのです。

職場の上司は「早く成果が欲しい」、親は「早く子供の成績をアップさせたい」という欲から、この話に出てくる商人のような失敗をするものではないでしょうか。

「足るを知る」精神を働かせて、結論を出すのを急がないようにしましょう。

物事が成し遂げられるには、段取りがあります。それを理解できるようになることが大切です。

【第6章のまとめ】

◎一人の親友を作る。

◎人を許す。

◎寛容になる。

◎「ありがとう」と言う。

◎文句を言わずに、人を愛する。

第7章

ものの価値より心の豊かさ

憧れの「シンプル生活」は「知足」によって実現できる

「身の周辺をきれいに整理して、必要のないものはすべて捨て去って、広々とした部屋でシンプルに暮らしていきたい」と願う人が増えてきているそうです。

シンプルな生活を目指すのは、私も大賛成です。

まずシンプル生活を始めると、どのような「いいこと」が起こるのか、箇条書きにしておきましょう。
＊気持ちが安らぐ。リラックスできる。
＊仕事とプライベートの区別が、きっちりつく。
要らないものが、あちこちに散乱している部屋では、気持ちが落ち着きません。ものが散らかっているだけで、気持ちがイライラしてきます。

身の周りに不必要なものがなく、シンプルに整理された空間にいると、気持ちが安らぎリラックスします。

ですから、たとえば、職場から自宅に帰ってきた時、プライベートの空間がシンプルになっていると、上手に気持ちの切り替えができるでしょう。

仕事の場で多少イヤな出来事があったとしても、シンプルなプライベートルームで心が癒されることによって、きれいさっぱり忘れることができるでしょう。

もし、その際、部屋が散らかり放題に汚れていたら、ずっと仕事の場でイヤな出来事を引きずってしまうことになるのではないでしょうか。

このようなメリットのあるシンプル生活を実現させるために大切なのも「足るを知る」という教えではないでしょうか。

「足るを知る」とは、「生活に必要になるもの以上のものを望まない」という考え方です。

「高価なものを求めず、たくさんのものに囲まれた生活を求めず、身の周りのものをできるだけ少なくし、それに、満足して暮らしていく」という考え方です。

ですから「足るを知る」という考え方が目指すのは、「シンプル生活」そのものだと言えるでしょう。

「足るを知る」生活によって、「自分の時間」が増える

ものを片づけたり、掃除するには、あんがい多くの時間と労力が必要になります。

とくに、身の周りに必要のないものがたくさんある家に暮らしている人は、散らかりほうだいのものを片づけるために、休日のほとんど一日すべての時間が必要になるのではないでしょうか。

また片づけが終わった時には、クタクタに疲れきって、食事をしたり、お風呂に入る気力さえない、という状態になっているのではないかと思います。

一方、「足るを知る」という精神に従ってシンプル生活をしている人にとっては、片付けや掃除は短時間に済ませることができます。

もともと、ものが少ない生活環境で暮らしているのですから、片付けや掃除に費やす時間や労力はそれほど必要にはならないのです。

その結果、「足るを知る」によるシンプル生活では、次のようなメリットも生まれ

ます。
＊自分が好きなことをする時間が増える。
＊前向きな気持ちになれる。
＊自分自身と向き合う時間が増える。

片づけや掃除に使う時間が減る分、「自分が好きなことをやる時間」が増えます。そうやってできたプライベートの時間を、趣味やスポーツ、勉強、散歩、ガーデニングなど、様々な楽しいことにあてることが可能になります。

プライベートの時間が充実することは、気持ちを前向きにする作用があります。「もっと自分にしかできないことにチャレンジしよう。自分の人生を楽しもう」という意欲をかき立ててくれるのです。

そういう意味では、「足るを知る」という精神に従ってのシンプル生活は、人の精神面にもいい影響をもたらしてくれるでしょう。

「足るを知る」生活によって、お金の使い方が上手になる

「足るを知る」という精神に従ってシンプル生活が目指すのは、「要らないものを欲しがらない。望まない。買わない。少ないもので満足する」というライフスタイルです。

「不必要なものは買わない」のですから、当然、お金のムダ遣いもなくなります。

ですから、「足るを知る」シンプル生活には、次のようなメリットもあるでしょう。

＊ムダ遣いが減り、貯蓄が増える。

＊旅行など、好奇心を満足させるために使うお金が増える。

＊お金を、自分の教養を深めることに有効活用できる。

ひとことで言えば、「足るを知る」シンプル生活を実践することで、お金の使い方がとても上手になっていきます。

テレビショッピングで、つい洋服やバッグを衝動買いしてしまったが、買った洋服

は一度も袖を通さないまま、バッグも一度も使わないまま、収納の奥にしまったままになっている、という経験がある人も多いのではないでしょうか。

まずは「足るを知る」シンプル生活によって、そのようにムダにお金を使うことが減るでしょう。

当然、その分、貯蓄が増えます。

そして、溜まったお金を、旅行や、自分の教養を深めるために使えるのです。

旅行や勉強といったものは、いわゆる「もの」ではありません。

それに対してお金を支払ったとしても、「もの」として身近に残りはしません。

しかし一方で、「いい思い出」や「知識」「教養」となるものが、自分の内面の中に蓄積していくでしょう。そして、そのような「精神的な財産」は、自分の人間性を高める上でとても大切な要素になるのではないかと思います。

少なくとも、収納の奥にしまっておくままにするものにムダなお金を使うよりも、人間性を高めるためにお金を使うほうが、ずっと意味があると思います。

「シンプル生活をする」ことによって、お金の使い方を変えてみてはどうでしょうか。

「足るを知る」とは、ものへの執着心を捨てること

「もう必要ないのだから捨てようと思っても、なかなか踏ん切りがつかず、捨てられない」という人の声をたくさん聞きます。

ゴチャゴチャと、いらないものが身の周りに散乱している生活から、すっきり、広々としたシンプル生活にライフスタイルを変えようと決心した人たちから、よくそんな話を聞きます。

シンプル生活を実践するために大切なのは、次の二点です。

＊必要のないものを求めない。買わない。

＊もし必要のないものが身近にあれば、それを捨てる。

「求めない。買わない」ことはできても、「捨てる」ことができないという人が数多くいるのです。

しかし、必要のないものを捨てられないでいる限り、憧れのシンプル生活はいつま

でたっても実現できないでしょう。

そんな人たちの「捨てられない理由」は様々です。「もったいない」「いつか必要になることがあるかもしれない」「誰か、もらってくれる人が現れるまで、捨てないでおく」「捨てると、後で後悔するのではないかと心配だ」といった理由です。

しかし多くの場合、「いつか必要になること」が起こったり、「誰か、もらってくれる人」がほとんど現れることはほとんどありません。

仏教では、そのような心理状態を「執着《しゅうちゃく》」と呼んでいます。

そして、仏教では「執着を捨てることが、悟り、つまり安らぎの境地への出発点になる」と教えています。

ものへの執着を捨てるためにも、「足るを知る」ことを心がけましょう。

それには、今、使っているものや、今自分に必要なものだけを、自分のもとへ残して、「これだけあれば十分に満足だ」と、自分に言い聞かせることです。ものへの執着心を捨て去れば、必要のないものを捨てることもできるでしょう。

「こだわる」ものほど、ムダ遣いをしてしまいやすい

「こだわりから、必要のないものを買いこんでしまう」という人の声もよく聞きます。

人には、「ある特定のものに、こだわる」という心理傾向があるようです。

たとえば、男性ならば、「ネクタイやゴルフ用品にこだわっている」という人もいるのではないかと思います。

そのような男性は、暇さえあれば百貨店やゴルフショップへ行って、必要のないほどたくさんネクタイやゴルフ用品を買いこんできます。

ネクタイなど、一度締めたきりで、そのままタンスの奥にしまわれたままになっていることも多いようです。ゴルフ用品も、まったく使わないまま物置にしまわれている、というケースも多いようです。

女性では、「ブランドにこだわっている」という人が多いのではないでしょうか。

お気に入りのブランドのバッグや傘、装飾品といったものをたくさん買ってきて、

やはり、あまり使わないままタンスの中にしまったままにしてしまうケースが多いようです。

このような「こだわり」も、仏教で言う「執着」と言っていいのではないでしょうか。執着しているから、「これを買っても、有効に使えるのだろうか。役に立つのだろうか」という冷静な判断を失い、とにかく買いこんできてしまうのでしょう。

いくらこだわっているものとはいえ、これではやはりお金のムダ遣いになりますし、家の中は不必要なものでゴチャゴチャになってしまうでしょう。

その際に心構えになるのも「足るを知る」という精神ではないかと思います。

この精神があれば、「こだわるものを、たくさん買いそろえる」よりも、むしろ「こだわるものだからこそ、一つのものに絞って、それを大切に長年使っていこう」というように考え方は変わっていくと思います。

たくさん持つよりも、一つのものを大切にしていく生き方のほうが、それを所有する充実感や喜びが増すと思います。

「損得勘定」で考えているから、ムダなものを買ってくる

「安物買いの銭失い」という諺があります。

「安いものを買うのは、本人とすれば、得をした、賢い買い物をしたと感じて満足する。しかし実際には、必要のないものを買ってしまったり、品質が悪かったりして、結局は損をしてしまう」という意味です。

そんな失敗をした人もいるのではないでしょうか。

失敗をした人は、「もう二度と同じ失敗は繰り返さない」と、心に誓います。

とは言いながら、「三割引」「大特価」「本日限りの大サービス」という広告を目にすると、またつい衝動的に「安物買いの銭失い」をしてしまう、という人も多いのかもしれません。

「安物買いの銭失い」という失敗を何度も繰り返す人は、おそらく、「得か、損か」という基準で買い物をしているのではないかと思います。

ですから、「今買えば、お得ですよ」という広告文句を見ると、つい手が出てしまうのでしょう。「得か、損か」ではなく、「必要か、必要ではないか」という基準で、買い物をすべきなのだと思います。

「得するものを買う」＝「必要なものを買う」ではないのです。

むしろ実際には、「得するものを買う」＝「必要ではないものを買う」というケースのほうが多いのではないでしょうか。

ですから、「安物買いの銭失い」をして、後で後悔する人が多いと思います。

この「安物買いの銭失い」という失敗を繰り返さないためにも、「足るを知る」ことが大切になると思います。

「足るを知る」とは、「最低限、快適に暮らしていける、必要なものだけを買い求めるが、それ以上のものは求めない」という考え方です。

この考え方を実践することは、まさに「必要か、必要ではないか」という基準で買い物をすることになります。

「足るを知る」人は買い物がうまい

「足るを知る」ことを実践して、買い物上手になるための具体的な方法を、いくつか紹介しておきましょう。

＊買い物リストを作ってから、買い物に出かける。
＊新聞やチラシや雑誌の広告は参考にする程度にする。
＊あっちこっちの店へ顔を出さない。立ち寄る店を、できるだけ少なくする。
＊時間を決めて買い物をする。

前項でも述べましたが、「足るを知る」とは、「必要なものだけを求め、必要ではないものを求めない」ということです。

そのために、まずは、買い物に行く前には、「必要なものをリストにして書き出す」ことにしてみたらどうでしょうか。

事前に書き出すことで、「今、何が必要か。何が必要ではないか」を、冷静に判断することができます。

買い物リストを作る時は、新聞チラシや雑誌の広告は参考にする程度にするといいでしょう。広告文句に気持ちを誘惑されて、ムダなものを買い物リストに入れてしまう危険があるからです。

お店では、事前に作成した「買い物リスト」にないものは、「買わない」と決めておきましょう。そうすることで、ムダな買い物をするのを避けられるでしょう。

衝動買いが多い人は、あっちのスーパー、こっちのデパートと、買い物をする用事がないのに、よけいなお店へ顔を出さないようにするほうがいいと思います。

お店へ行って、商品を目にしてしまうと、つい「欲しい」という気持ちがわきあがってしまいます。その心配がない人は、リラックス空間として、デパートを利用してもいいでしょう。

また、買い物に費やす時間を決めておいて、その時間がきたら「すぐ家へ帰る」という習慣を作っておくのも、ムダな買い物をしないための有効な方策になるように思われます。

「ものの価値」よりも「心の豊かさ」を大切にする

ここまで説明してきた通り、「足るを知る」ことを心がけると、従来の生活スタイルと、消費パターンが、まったく変わります。

「高価なものを、たくさん身の周りに置く」ことに幸福感を求める生活スタイルから、「何もない、広い空間に身を置くことに、心の安らぎを感じる」というふうに変わるでしょう。

「たくさんのものを買うことに、喜びを感じる」という消費パターンから、「少ないものを、大切にしていく」というふうに変わるでしょう。

「高価であれば高価なほど、良い品物だ」という価値観から、「たとえ安いものでも、気に入ったものを買う」というパターンに変わるでしょう。

「ブランドモノをとにかく欲しい」というパターンから、「ブランドモノよりも、それを作った人の肌の温もりがあるものを欲しい」と変わるでしょう。

「流行のものを、自分も持っていたい」という生活パターンから、「自分らしさが輝くものを大切にしていきたい」と変わるでしょう。

まとめてみれば「心」を大切にするようになる、ということではないかと思います。

＊心の安らぎ。
＊ものを大切にする心。
＊自分が気に入るということ。
＊作ってくれた人の心。
＊自分らしく生きる心。

言いかえれば、「足るを知る」ということは、このような「人の心を大切にする」思想であるとも言えるのです。

ものよりも「心の豊かさ」を大切にする生き方です。

そして、「ものを得る満足感」よりも、この「心の豊かさを得る満足感」のほうが、ずっとその人の人生を充実したものにすると思います。

「足るを知る」価値観を、家族で共有する

「足るを知る」というシンプル生活を始めることは、家族との関係を見直すきっかけにもなると思います。

自分が「足るを知る」シンプル生活を始めようと思っても、家族が相変わらず、欲するままに様々なものを買い求めてきて、部屋を散らかし放題にしていたらしょうがありません。

ですから本気で「足るを知る」シンプル生活を始めようと思ったら、よく家族で話しあい「家族みんなで一緒に」始める必要がでてきます。

しかし、ゴチャゴチャしたものに囲まれて暮らす不快感よりも、よけいなものは何もない、すっきりとした広い空間の中で暮らす気持ちの良さを訴えれば、きっと家族も同意してくれるのではないかと思います。

そして、家族みんなで「足るを知る」という価値観を共有していくことは、より家

族の絆を強めることにも貢献すると思います。

現代の家族を見ていると、それぞれ価値観がバラバラになっている、という家庭が多いように思います。父親は仕事のことしか頭にない、母親は子供のことばかり、しかし子供は自分のことで精いっぱい、といった具合です。

ひとつ屋根の下に暮らしながら、心と心がかけ離れてしまっているケースが多いのではないかと思います。

ですから、家族みんなで「足るを知る」という価値観を共有し、みんなで協力して一つのライフスタイルを築きあげていくことは、家族の絆を強める上でとても有効だと思います。

家族がお互いによく理解するのも「幸せな人生を築く」ための大切な要件の一つでしょう。

家族が安らぎの場となっていれば、外で少々つらい出来事があっても、そこから立ち直るのも早くなると思います。

日常の何気ない出来事を愛するようにする

シンプル生活を実践していく上で、とても参考になる言葉がありますので、紹介しておきましょう。近代日本の小説家、芥川龍之介の『侏儒《しゅじゅ》の言葉』という作品の中に出てくる一説です。

「人生を幸福にするためには、日常の瑣事《さじ》を愛さなければならぬ」という言葉です。

「瑣事」とは、「ほんのちょっとした、ささいな出来事」といった意味です。

たとえば次に挙げるようなことです。

＊鉢《はち》植えの花が咲いていた。
＊お茶に茶柱が立っていた。
＊しばらく会っていない友人から、手紙がきた。
＊朝、気持ちよく目を覚ますことができた。
＊家族の笑顔を見ることができた。

このような日常生活の中で起こる、ほんのちょっとした出来事に「ああ、生きていてよかった」と満足と喜びを感じられるようになることを、芥川龍之介は勧めていたと思います。

そして、そのような「小さな満足感や幸福」を、「足るを知る」という精神によって大切にしていくことが、人生を幸せにしていく秘訣だと、芥川龍之介は言っていると思います。

たくさんのお金を儲けることだけが、幸せなのではありません。

たくさんの、ぜいたく品に囲まれて生きるだけが、幸せではないと思います。

そのような大それたものを追及していると、「欲望の奴隷」となって、かえって不幸を招くケースも出てくると思います。

「足るを知る」シンプル生活をしていくと、永遠に幸せは続くのです。

「起きて半畳、寝て一畳」の暮らし方を理想とする

「起きて半畳、寝て一畳、天下とっても二合半」という諺があります。

意味は、「どんなに大きな豪邸でくらしている人であっても、立っている時に自分の足が占めている面積は半畳ぐらいのものだ。寝ている時に占める面積であっても、一畳ぐらいのものだろう。

天下を取るくらい大出世した人であっても、二合半以上のご飯は食べられないだろう。それがわかれば、必要以上の富を求めてもしょうがない」というものです。

まさに「足るを知る」という精神の大切さを説いた言葉です。

「住む家など、寝られるほどの広さがある、狭い家で十分満足だ」と言っているのです。

「大出世しなくてもいいじゃないか。ほどほど幸せに生きていければ、それで十分満足だ」と言っているのです。

また、この諺は「足るを知る」シンプル生活のコツについても述べたものなのでしょう。

＊暮らす家は小さくても満足できる。
＊出世できなくても満足できる。
＊高級なものを食べなくても満足できる。

このような暮らし方を、「起きて半畳、寝て一畳、天下とっても二合半」という諺は提案しているのだと思います。

「シンプル生活」と言うと、なにか最近になって急に注目を浴び始めたもののように思われがちですが、じつは古くから日本人の心に根づいたライフスタイルだったのです。

ひと昔前までは、日本人は実際に、小さな家で慎《つつ》ましい暮らし方をしてきたように思います。

それでも一般的には十分満足して暮らしていけたのでしょう。

「宵越しの金を持たない」生き方から学ぶ

江戸時代の人たちは、「宵越《よいごし》しの金は持たない」と言っていたそうです。「その日に稼いだお金は、その日のうちに使ってしまう」という、当時の江戸っ子のライフスタイルを述べた言葉です。

当時、江戸っ子の多くは、日雇いでお金を稼いでいたようです。

現代のサラリーマンは、月に一度の給料日に報酬《ほうしゅう》を得ている人が多いと思いますが、当時の江戸っ子はその日の分の報酬を、その日のうちに得ていたのです。

そのお金を、「将来のために溜めておこうなどと思わない。その日のうちに使ってしまおう」と考えていたのです。

ここには江戸っ子の、「お金を溜めて、大きな家を買ってもしょうがない。住む家など、寝る場所があれば十分満足だ。ぜいたくな暮らしをするために苦労なんてしたくない。無理をせず、楽しく、今日一日を幸せに生きていければいい」という考え方があったように思います。

この江戸っ子のライフスタイルも「足るを知る」という精神に通じるものがあるように思います。


江戸時代には、火事が多かったと言います。

ですから江戸っ子には、「お金をためてせっかく大きな家を買えても、火事で焼けてしまえばそれでおしまいだ。だったら、狭い家で暮らしているほうがいい」という考え方もあったようです。

現代人には、「宵越しの金は持たない」というお金の使い方をするのは無理かもしれません。将来のことを考えて、貯蓄を残しておくことも必要でしょう。

しかし、たとえ豪勢な生活を手に入れても、いつか災害にあって、ぜいたくな暮らしを失ってしまうかわからないという事情は、江戸時代と変わらないと思います。

豪勢な生活をするのもいいでしょうが、「足るを知る」をモットーに、簡素で毎日が楽しいシンプル生活をしていくのも幸せに生きる方法ではないかと思います。

【第7章のまとめ】

◎自宅を「リラックス空間」に変える。

◎「いらないもの」を捨てる。

◎ショッピング・パターンを変える。

◎損得勘定で買い物をしない。

◎ものの豊かさよりも、心の豊かさを大切にする。

第8章

笑いで心も体も健康

気持ちよく笑えば、それだけ幸運になる

「笑う門には福来たる」という諺があります。

「笑うと、いいことに恵まれる」という意味です。

確かに、その通りだと思います。

幸運の女神というものは、泣いている人、怒っている人よりも、「笑っている人」が好きなのです。

ですから「笑っている人」に、たくさんの恵みを与えようと考えるのでしょう。

ただし、多少つけ加えておきたいことがあります。

それは、ただ笑うにしても、「気持ちよく、ほがらかに、明るく笑う人には、よりたくさんの幸福がもたらされる」ということです。

笑うにしても、苦笑いや、イヤイヤながらの作り笑いでは、もたらされる恵みや幸福は減ってしまうのではないでしょうか。

明るく、心から笑ってこそ、いいことが一杯、身のまわりで起こると思います。

ところで「明るく笑う」ためにも、大切になるのは「足るを知る」ということではないかと思います。

「あんなバカ上司の下で働いてられるか」
「私の夫は、どうして稼ぎが悪いのだろう」
「思い通りにならないことばかりだ」
「もうイヤになっちゃう」

と、そんな不平不満ばかりを心のうちに溜めていたのでは、「明るく笑う」ことなどできないでしょう。

「なにはともあれ、まあいいじゃないか」と楽観的に物事を考えて、「そこそこの生活ができているのだから、満足だ」と思うからこそ、心から明るく笑えるのです。

そして「足るを知る」ことを心がけて、毎日明るく笑ってすごせば、不平不満など幸運の女神が追っ払ってくれることでしょう。

「足るを知る」笑いで、心も体も健康になっていく

「笑うことで、免疫力が高まる」という報告があります。

「免疫力が高まる」というのは、たとえば、カゼにかかりにくくなったりすることです。病気への抵抗力が強まるからです。

「笑う」ことで、ガン細胞を攻撃するNK細胞が増え、ガンなどの重大な病気にもかかりにくくなる、という研究報告もあります。

また、高血圧の改善にも「笑う」ことは効果がある、とも言われています。

一方、身体的な病気ばかりではなく、精神的なストレスが原因となって起こる自律神経失調症だとか、うつ病の改善にも、「笑う」ことは効果があるそうです。

そういう意味では、「笑う」ことは心身共に、いい効果をもたらすといえます。

さらに、前項で述べた通り、明るく笑っていれば、たくさん幸運にも恵まれるのですから、日常生活の中で笑う機会を増やしていきたいものです。

前項では、「『足るを知る』心を持つことで、明るく笑えるようになる」と述べました。これに関しては、逆のことも言えるのではないかと思います。

「明るく笑うことで、『足るを知る』という気持ちが生まれてくる」ということです。

たとえば、高速道路の渋滞に巻きこまれて、立ち往生してしまった時。

みんなの見ている前で失敗をして、恥をかいた時。

友人と意見が対立して、イライラしてきた時。

そういう時、明るく笑ってしまうのです。

もちろん、笑うことが、相手や近くにいる人に、良からぬ誤解を与えるケースもありますから、そういう点には注意しなければなりません。しかし、そんな心配がある時には「心の中で、明るく笑う」のでもかまいません。

明るく笑っているうちに、「不満不平を言ってもしょうがない。この現実を、前向きに受け入れよう」という気持ちが生まれてきます。

その気持ちこそ、「足るを知る」ということだと思います。

「足るを知る」で、寝つきをよくする

「夜、寝つきが悪い」

「熟睡できずに、夜中、何度も目が覚めてしまう」

そのように言う人が大勢います。

昼寝をしたわけではありません。昼中は忙しく働いて、心身ともに疲れているのに、寝つきが悪い、熟睡できない、と言うのです。

その原因は「精神的なもの」にあるケースが多いようです。

「今日、やり残したことがある。気になってしょうがない」

「明日の会議が心配だ。うまくできるだろうか」

「なぜ、あんな決定をしてしまったのだろう。悔やんでも、悔やみきれない」

そのような思いが心の中にあったため、気持ちが安らげず、いつまでも眠ることができないのです。

あるいは熟睡できず、夜中に目が覚めてしまうのです。夜、体を横たえた時には、心の中から心配事、不安、後悔といったネガティブな感情を追い出さなければ、よく眠れません。

やはり安眠、熟睡のために必要になってくるのも「足るを知る」という考え方ではないでしょうか。

たとえ、「やり残したこと」があったとしても、「それはそれ、明日になってから考えればいい。精一杯のことをしたのだから、満足して眠ることにしよう」と、気楽に考えましょう。

「明日のこと」を、今から心配する必要もありません。「どうにかなるさ。大丈夫」と、やはり気楽に考えておきましょう。

「してしまったこと」を、後悔するのもやめましょう。「まあ、これはこれで良かったんじゃないか」と、楽天的に考えましょう。

このように「足るを知る」ことによって、心に安らぎを与えるのです。そうすれば寝つきが良くなり、熟睡できるのではないかと思います。

「食べすぎ」の原因は、精神的な寂しさにある

「つい食べすぎてしまう」という人がいます。

それほどお腹が減っているわけではありません。

大量の食べ物を食べなければならないほど、体を激しく動かす生活を送っているわけでもありません。

ただただ食べすぎてしまうのです。

したがって体重がどんどん増えていって、健康面にも問題が出てきます。

「食べすぎる」という人にも、「精神的な問題」を抱えている人が多いようです。

たとえば、次のような思いを抱いているケースが考えられます。

「みんなと仲良くやっていきたい。みんなから愛されたい。しかし、みんなから全然、相手にしてもらえない」

「仕事で大きな成果をあげたい。脚光を浴びる存在になりたい。しかし、なかなか思

うようにならない」

そのために、精神的に、大きな「欲求不満」が生じているのです。

その欲求不満を埋めあわせるために「たくさん食べる」という行為に走る、というケースが多いようです。

このタイプの人たちが、「食べすぎ」という症状を改善するためには、心の中の「欲求不満」を取り除くことが第一なのでしょう。

そのために大切になってくるのも「足るを知る」という精神だと思います。

「みんなから愛されたいが、だからといって嫌われているわけでもない。それなりに円満な人間関係を保っている。これで満足じゃないか」

「職場では、必ずしも脚光を浴びる存在ではないかもしれないが、自分なりにがんばって働いている。そこそこ成果も出している。これで満足だ」

このように「足るを知る」という精神によって、満足感にあふれた気持ちを持っていれば「食べすぎる」ということもなくなってくるのではないでしょうか。

足るを知れば、健康的な食生活を保っていけるでしょう。

「老いる」ことを前向きに考えられる人が、幸せでいられる

人間の老化現象というのは、二〇代の後半からもう始まっているそうです。

その後は、三〇代、四〇代と、体力はなくなり、物覚えも悪くなり、肌の色つやも衰えていくばかりです。

「老いる」のは、誰にとってもイヤなことだと思います。

しかし、それは人間の運命なのですから、「イヤだ、イヤだ」とばかり考えていてもしょうがありません。

むしろ「老いる」ことを前向きに受け取っていくほうがいいのではないでしょうか。

これも「足るを知る」という考え方に通じます。

老いることをイヤがって、そこから目を背けるのではなく、「老いることは楽しい。老いていくことに満足する」と考えることです。

「若い人たちは美しい。しかし老いた者は、若い人たちよりも、さらに美しい」

これは一九世紀のアメリカの詩人、ホイットマンの言葉です。

ホイットマンのこの言葉も、「人は老いる」という現実を「足るを知る」という考え方でとらえ直したものではないかと思います。老いた人は若い人よりも、たくさんの経験を積んでいます。長く生きてきた分、たくさんの知識もあります。

物事の表面的な意味ではなく、その奥に隠された真実を見抜く力も備わっています。人への思いやりや、やさしさといった感情も、年齢を重ねるにしたがって深まっていくものでしょう。

そのような意味から言えば、ホイットマンが言う通り、「老いた者は、若い人たちよりも、さらに美しい」のではないでしょうか。

つまり老いていくことで、人間性が高まっていくということです。

言いかえれば、「足るを知る」心がまえをもって「老いる」ことを前向きにとらえ直し、年齢を重ねると共に人間性を高める努力をしていく必要があります。

それができる人は「美しい老い方」を実現できると思います。

何歳になっても、人は人生をやり直せる

「若い頃に、もっとがんばって働いていれば、今頃貯蓄がたくさんできて、楽な生活ができていたのに」

「若い頃に、もっと真剣に英語の勉強をしておけばよかった。そうすれば今は、ペラペラ英語が話せて、世界で活躍するビジネスマンになっていたかもしれないのに」

「若い頃から、もっと健康に良いことをしておけばよかった。そうしておけば、今、こんな病気になって苦しまなくてすんだかもしれない」

といったようにです。

じつは、このように嘆《なげ》く人は、世界の賢者の中にもいます。

たとえば古代中国の思想家、荘子は、次のような言葉を残しています。

「五〇にして、四九年の非を知る」

「若い頃に、もっと〇〇しておけばよかった」と言う人がいます。

「五〇歳になって、これまで四九年生きてきた間の、間違いや失敗に気づいた」というのが、この言葉の意味です。

荘子は、「自分の人生を振り返ってみると、あの時もっとこうしておけば良かったと思うことも多い」と後悔しているのです。

ただし荘子は、単に後悔していたのではありません。

この言葉の裏には、「しかし、過去のことをいつまで後悔していてもしょうがない。私自身が愚かな人間であったことを受け入れて、今後の人生に生かしていこう。五〇歳になった今からでも、人生をやり直すことは可能だ。希望をもって、今後の人生を生きていこう」という意味が隠れていると思います。

この荘子の考え方も、「足るを知る」に通じたものではないかと思います。

「足るを知る」とは、まさに「間違いや失敗をする、愚かな自分を受け入れて、そんな自分であっても、与えられた人生に満足し、そこからどうすれば、より良い人生を実現できるかについて考える」という思想でもあるからです。

後悔するよりも、前を向いて生きていくほうが賢い考え方だと思います。

不完全であっても「これは私の人生だ」と言う

芥川龍之介は、前にもあげた『侏儒の言葉』という作品の中で、次のような意味の言葉を残しています。

私になりに、わかりやすく現代語訳して、紹介しておきます。

「人生とは、製本ミスによってページが抜けている本のようなものだ。完ぺきな本であるとは言いがたい。しかし一冊の本である」

つまり芥川龍之介は、「人間の人生も、製本ミスによってページが抜けている本のように、いろいろな間違いもある。失敗もする。しかしページが抜けている本であっても、一冊の本であるのと同じように、失敗のある人生であっても、人間の人生であることには変わりない」と述べていると思います。

この芥川龍之介の考え方も、「足るを知る」に通じるものがあるのではないかと思います。

「足るを知る」とは、「失敗のない人生はない。どんな人間の人生であっても、失敗がたくさんある。人生は完ぺきではないが、だからといって生きていくのをやめるわけにはいかない。完ぺきではない人生を受け入れて、それに満足しながら、たくましく生きていく」という思想でもあるからです。

芥川龍之介が、先の言葉で言いたかったことも、ひと口にまとめれば、「完ぺきな人生ではないが、たくましく生きていこう」ということだったと思います。

ちなみに、この『侏儒の言葉』という作品ですが、「侏儒」には、「小さな人」「取るに足らない人」といった意味があります。

芥川龍之介は、まさに自分自身は「小さな人」「取るに足らない人」人間だ、という意味で、このタイトルをつけたと言われています。

芥川龍之介は、「自分は小さな人間、取るに足らない人間ではあるが、それでも人生をたくましく生きていく」という気持ちを持っていたのでしょう。

失敗など気にせずに生きていけば、幸せになれるということでしょう。

「足るを知る」で、健康的に暮らす

人が健康的に暮らしていくためには、「すぎ」は禁物です。

食べすぎ。

働きすぎ。

寝すぎ。

悩みすぎ。

怠けすぎ。

このような「すぎ」は健康を害する原因になりますので、注意しておく必要がありそうです。

一七世紀のイギリスの経済学者、ペティは、次のような意味の言葉を残しています。

「健康は、満足感から生まれる」

「満ち足りた気持ちで生きていくことで、心身ともに健康でいられる」という意味です。

ただし、この言葉につけ加えておきたいことがあります。

それは、満足感とは言っても、「適度な満足感」が健康にとっては一番いい、ということです。

お腹いっぱいになるまで食べて満足するのではなく、腹八分目のところで「満足した」と考える「適度な満足感」を心がけるという意味です。

そこで提案したいのは、「人生八〇パーセント主義」です。

働くことも、「一〇〇パーセントがんばる」のを目指すのではなく、「八〇パーセントがんばる」ことを心がけましょう。

そのように、すべてのことについて「八〇パーセントまで達成できれば、それで十分満足だ」と考えるようにしていきましょう。

この「人生八〇パーセント主義」も、「足るを知る」に通じる考え方です。

健康的な心身で長生きできる人は、この「適度な満足感」を心がける習慣が身についている人だと思います。

「怒りすぎる」人は、心臓の病気になりやすい？

アメリカの医師グループの調査では「怒りすぎるタイプの人」は、心臓の病気にかかりやすい、という結果が出たそうです。

「怒る」ということは、一般の人が考えている以上に、心臓に負担になっているそうです。それを知っているにもかかわらず、この怒りすぎるタイプの人たちは、家庭でも職場でも、いつもイライラ、カッカして、怒ってばかりいるのです。

そして、ある日突然、心臓発作を起こして倒れてしまう、というケースが多いのです。

「怒りすぎるタイプの人」が、このような心臓の病気を避けるために大切なのも「八〇パーセント主義」や「足るを知る」という人生観ではないかと思います。

このタイプの人は、「相手に一〇〇パーセントを求めすぎている」のではないでしょうか。

そのために、ちょっとでも不満なところ、足りない部分が見つかると、すぐカッとなって怒ってしまうのです。

「自分の要求に対して、相手が八〇パーセントのことを成し遂げてくれれば、それで十分満足だ」と考える習慣を持ちましょう。

そうすることで、カッカせずにすむことができます。

八〇パーセントのことをしてくれた相手に対しては、「よくやってくれた」「すごいじゃないか」と、大いにほめてあげる習慣を持つようにしてもいいでしょう。

「怒る」のではなく、「ほめる」のです。

そう心がけることで、家族や周りの人たちとの人間関係も円満になっていくでしょう。

人間関係がよくなることは、その場に「安らいだ雰囲気」を作り出します。

それがまた自分自身の気持ちを「怒り」という感情から、遠ざけてくれます。

これも健康的に生きていくコツになります。

「足るを知る」で、健康的な「徳」が備わる

「徳のある人は、心地よく眠ることができる」

この言葉は、一九世紀のドイツの哲学者、ニーチェが残した言葉です。

ニーチェが言う「徳のある人」とは、ある意味で「足るを知るという考えで生きている人」と言ってもいいのではないでしょうか。

他人に、あまり多くのことを欲求せずに、ほどほどのところで満足できる人。

ほどほどのところで満足し、他人にやさしく、広やかな心で接することのできる人。

また自分自身に対しても、あまり過剰な欲求を持たない人。

ほどほどのところで満足し、心おだやかに、安らぎに満ちた生活を送っていくことができる人。

欲が少なく、自分の利益のためばかりに生きるのではなく、周りの人たちの幸福を祈って生きていける人。

他人が満足してくれることを、自分の満足にできる人。

そのような人が、ニーチェの言う「徳のある人」の意味ではないかと思います。

また、「心地よく眠ることができる」という言葉も、他の様々な言葉に言い換えられるように思います。

足るを知る「徳のある人」は、心地よく笑うことができる。

足るを知る「徳のある人」は、心地よく遊ぶことができる
足るを知る「徳のある人」は、心地よく働くことができる。

足るを知る「徳のある人」は、心地よく人と会うことができる。

総じていえば、

「『足るを知る』という生き方によって、人徳が高められる。人徳が高められた人間は、心身共に健康的に生きていける」ということではないかと思います。

今、自分の生活をかえりみて、もしも「心地よい生活を送れていない」という自覚のある人は、「足るを知る」という生活スタイルを心がけるようにしましょう。

そうすれば、心地よく食べて、働いて、眠れる生活が実現できると思います。

「怒らない、悩まない」食べ方で、心身ともに元気になる

日本の江戸時代の思想家である貝原益軒が『養生訓《ようじょうくん》』という書物の中で述べている言葉を紹介しておきましょう。

私なりに現代語訳して記しておきます。

「怒った後に、早食いをしてはいけません。食後、怒ってもいけません。思い悩みながら、ものを食べてはいけません。食べた後に、思い悩んでもいけません」

「怒り」と「悩み」は、胃の働きを悪くする、というのです。

そのために消化不良を起こし、食べ物の栄養分を体内に取り組むことができません。

そして、元気がなくなり、仕事にも、家庭生活にも支障が出てくる、というのです。

また、胃そのものの病気の原因にもなるというのです。

「食べる」という行為は、人間の活動の基本です。

この「食べる」という行為を大切にするのが、健康を保つ上でもっとも大切なこと

の一つだ、と貝原益軒は教えるのです。

そして、そのためには食前、食中、食後において「怒らない」「悩まない」ことが肝心だと、貝原益軒は言うのです。

この「怒らない」「悩まない」ためにもっとも有効なのは、「足るを知る」という考え方を持つことであるとは、これまで本書の中で繰り返し述べてきた通りです。


人間ですから、時には「怒りたくなること」「思わず悩んでしまうこと」があるのはわかります。しかし、大らかな気持ちで「まあ、いいじゃないか。どうにかなる」と思って、気分をイライラ、カリカリさせないように注意しましょう。

それが「足るを知る」という考え方の実践につながります。

また「足るを知る」という考え方にしたがって、安らかな気持ちで食事ができている人は、その栄養源が体の隅々までいき渡り、心身ともに活気にあふれてきます。

どのようなことがあっても、へこたれることはないでしょう。

それほど気力、体力が充実してくるのです。

「足るを知る」は、健康にも人徳にもいい影響を与える

もう一つ、貝原益軒が『養生訓』の中で述べている言葉も紹介しておきたいと思います。

やはり私なりに現代語訳して記しておきます。

「心を安らげ、気持ちが和むようにしておきなさい。これが健康の秘訣です。また人徳を高めるコツでもあるのです」

「心を安らげ、気持ちが和ませる」ための、もっとも有効な方法が、日頃から「足るを知る」ということを心がけて暮していくことなのです。

ところで、「足るを知る」という考え方を実践するために、アドバイスしておきたいことがあります。

それは、次のような言葉を口ぐせとすることです。

＊大丈夫。
＊どうにかなる。
＊なんてことない。
＊十分に満足だ。
＊これでいいのだ。

心配事から気持ちが乱れたり、何か困難にぶつかったり、自己嫌悪を感じた時などには、ここに掲げた言葉を心の中でつぶやいてみましょう。

そうすると、気持ちが安らかになってくるでしょう。

夜、眠る前に、口ずさんでみるのもいいと思います。

気持ちが和み、寝つきもよくなるでしょう。

朝、「今日も、がんばるぞ」と言って会社へ出ていくのもいいですが、「大丈夫。なんとかなる」と言うのも、いいかもしれません。

そうすることで、落ち着いた気分で働くことができるでしょう。

「足るを知る」ための言葉を口ぐせにすることで、生活の平安が生まれます。

肉体的にも、精神的にも「健康になる」方法

「健康的な心は、健康的な肉体に宿る」

これは古代ローマ時代の有名な諺です。

古代ローマ人は、そのように考えて「健康的な肉体」を作り出すことをまず優先して考えました。「健康的な肉体」を作り出すために大切なのは、「足るを知る」という生活を心がけることです。

＊食べすぎない。腹八分目で満足する。
＊お酒を飲みすぎない。適量で満足する。
＊働きすぎない。適度に休養を取る。
＊休みすぎない。怠けない程度の休養を心がける。
＊がんばりすぎない。八〇パーセントがんばったところで満足する。

また、この古代ローマの諺は、逆の言い方もできるのではないかと思われます。

「健康的な肉体は、健康的な心が作り出す」

ここでも大切になってくるのも、「足るを知る」ということだと思います。「足るを知る」ことを心がけることで、「健康的な心」を作り出すことができます。

＊不満不平を溜めこまない。少々不満不平があっても満足する。
＊怒らない。イライラしない。大らかな気持ちで物事を考える。
＊悩んでも解決できそうなことは、悩まない。楽観的に考える。
＊虚栄心を捨てる。ありのままの自分に満足する。
＊欲の奴隷にならない。ほどほどで満足する。

肉体的、また精神的に、このような事柄を「足るを知る」ということを心がけながら実践していきましょう。

そうすれば肉体的にも、また精神的にも健康になることができるでしょう。

幸福感の基本は、なんと言っても「健康であること」にあると思います。「足るを知る」ことは健康的に生きる上でも、大いに役立つ思想であると思います。

【第8章のまとめ】

◎気持ちよく笑う。

◎寝つきを良くする。

◎「老いる」ことを前向きに考える。

◎「怒らない」「悩まない」を心がける。

◎心身共に健康になる。

今の幸せに満足できるたった１つの法則

著　者　植　西　　聰
発行者　真　船　美　保　子
発行所　ＫＫロングセラーズ
〒169-0075　東京都新宿区高田馬場2-1-2
電　話　03-3204-5161(代)
http://www.kklong.co.jp

印刷　太陽印刷　　製本　難波製本

ISBN978-4-8454-0882-5

Printed in Japan 2011